인피니트 스튜디오

Infinite Studio

인피니트 스튜디오

현종길 시집

도서출판 태원

| 시인의 말 |

  시 한 줄을 쓰기 전에 백 줄을 읽어보고 체험을 재구성하는 시를 쓰라는 "안도현 시인"의 글을 되새김해 보며 "세 번째 시집" 『인피니트 스튜디오』로 인사 드립니다. 나는 세상이라는 바다를 헤엄쳐 다니면서 눈으로 마음으로 보고 느낀 풍경과 일상의 경험들을 나의 각도에 맞추어 그리움과 고독과 외로움과 사랑을 시로 쓴 것입니다. 생의 반은 비워내고, 반은 채워넣은 나의 고백 지치고 주저앉고 싶을때도 다시 일으켜 세우는 문학의 힘 자아를 찾아가는 것 시는 참 아플때도 있다. 이렇게 아픈 것 그만 둘까 생각한 적도 있다.
  그러나 한 편의 시를 읽고 오랫동안 감동을 간직하고 있는 사람은 행복한 사람이리라. 나의 시를 읽고 행복한 사람이 많았으면 하고 바래본다.
  그리고 시문학의 지평을 넓혀주신 이영춘 선생님께 감사 드리며, 언제나 나의 시 첫 독자가 되어주고 합평해주는 사랑하는 남편에게도 고맙고 감사함을 전합니다.
  "당신에게도 시가 다가오는 시간"이 언젠가는 있을 것이다. 〈파블로네루다〉의 말을 끝으로 숱한 밤 길어올린 상상의 시와 보폭을 맞추며 빨간 단풍잎 물감으로 가을 쉼표를 찍는다.

2024. 10.

현종길 시인

인피니트 스튜디오

차례

시인의 말_ 5

에필로그_ 155

1부 시인들의 강

거미 13 / 조율 14 / 광화문 앵글 15 / 외줄 타기 16 / 묵호 논골 담길 벽화 17 / 깃털 털어내다 18 / 카르멘의 사랑 19 / 알바 생 20 / 화진포에서 22 / 배달 라이더 샛별 23 / 장미 빛 페트라 24 / 와디 럼 26 / 파란 방 27 / 사선의 경계 28 / 춘천역에서 쓰는 편지 30 / 서귀포에서 온 선물 31 / 피아노 콘서트 32 / 무의도無衣島 34 / 라인 그리고 코드 36 / 청간정淸澗亭 38 / 뜬소문 39 / 가을 밤 지하철역 40 / 딸의 전화가 아프다 42 / 채석강 44 / 수족관에 비친 초상 45 / 그림자의 무게 46 / 양양의 풍경소리 47 / 인피니트 스튜디오 48 / 구곡폭포 49 / 시인들의 강 50 /

2부 은하수 건너는 물소리

생은 흐르는 물 같은 것 53 / 전화선 저 너머 54 / 갈릴리 호수 56 / 베들레헴의 거절 57 / 예배, 웃음꽃 무늬 58 / 아침을 열다 60 / 치자꽃 향기 62 / 보리수나무 64 / 은하수 건너는 물소리 65 / 샤스타데이지 꽃 환한 날 66 / 지각생의 고백 68 / 샛별이 되어 69 / 조그만 애기 70 / 집으로 가는 문 71 / 하얀 거짓말 72 / 내 항로에 키를 잡으시고 73 / 그 또한 기쁨이길 74 / 아기 새 75 / 풀잎 한 장에도 감사 76 / 나와 당신 그리고 달과 별 77 / 흔들리는 목소리 78 / 달을 닮고 싶다 79 / 초록 블로그 80 / 하늘 캔버스 81 / 사해 바다에 앉아 82 / 동굴 속으로 깊이 빠지다 83 / 심장에서 꺼낸 편지 84 / 구월의 나비 85 / 토왕산 폭포 86 /

3부 연둣빛 바람이 되어

연둣빛 바람이 되어 89 / 봉의산 90 / 춘천은 안개 동화책 91 / 박씨 부인을 그려보며 92 / 그날이 오기 전 까지는 93 / 고향 밥 94 / 봄의 언덕에 앉아 95 / 하얀 고래 96 / 안사람 의병 노래비 97 / French kiss 98 / 외로움 99 / 가시나무 100 / 첫사랑 편지 101 / 그런 사연이 있었군요 102 / 안타까움 반 무거움 반 103 / 아기 백로 104 / 말하는 앵무새 105 / 생의 거품 106 / 갯벌 위에 누드 107 / 아름다운 혼란 108 / 가을은 홀로 무겁다 109 / 강물은 돈오돈수 110 / 포말 하우트 111 / 고성 통일전망대 112 / 포인세티아 113 / 죽서루에 앉아 114 / 나는 산처럼 앉아 별을 본다 116 / 연꽃 바위 117 / 안개 118 /

4부 해바라기 사랑

꽃 편지 121 / 꽃피는 가방 122 / 진채화 한 폭 123 / 노을빛 뒷편 124 / 금관을 쓴 나무 125 / 노을에 물든 소양2교 126 / 아몬드 꽃 127 / 사랑 128 / 개를 데리고 다니는 신사 129 / 네가 봄이런가 130 / 서귀포 동백꽃 131 / 하얀 별의 입술 132 / 풀꽃 향기 133 / 코로나 가면 134 / 해바라기 사랑 135 / 엄마 136 / 넢이 프르러 가시던 님이 138 / 의료진께 감사 139 / 봄이 오는 바다 140 / 푸른 보석 141 / 간호사님께 감사 142 / 시선 너머 그리움 143 / 네 번째 스무 살 144 / 한 날 꿈일까 145 / 시간의 한 점 146 / 대나무 숲 내 친구 147 / 아주 심기 148 / 봄·봄 149 / 유월의 숨결 150 / 강원도 숲이 그린 사랑 152 /

1부

시인들의 강

거미

햇살이 금빛 가루를 뿌리는 아침
거미줄에 이슬이 보석 주렴처럼 달려 있다
만다라Mandara의 곡선 끝
사마귀가 무서워 나뭇잎 뒤에 숨은 거미
허공에 쳐 놓은 덫의 죽음은 공평할까

나방 한 마리 걸려 몸부림을 친다
잃고 얻는 것이 등가물인 본능의 법칙
원圓의 무의식적 욕망
공중의 무덤은 미학이다

거미의 시조는 어부였을까 수학자였을까
먹잇감을 잡기 위해 짜 놓은 그물망은 해설이 없다
한 줄 떨림만을 감지해 낚아채는 신의 한 수
승화된 얼개의 점층법은 함수다 우주다

작은 거미 속에 존재하는 우주의 패턴이
허공 한 자락에 깃털처럼 흔들린다
나뭇잎 뒤에 숨은 것은 거미가 아닌 나였음을 깨닫는
생의 수업을 받은 한 순간이다

조율*

붓 한 끝이 가을의 반원을 그린다
바람의 발자국 소리에 문을 여는 갈대숲
첼로의 긴 활이 갈대의 울음을 조율 한다
갈대숲에서 은비늘 같은 조각구름이 피어나고
바흐의 "무반주 첼로를" 연주하는 듯
비음과 저음으로 낮은 음표처럼 흔들리는 갈대
그 갈대숲을 피치카토로 퉁겨본다
순례자의 기도 같은 우주에 울림소리
그 울림소리에 기러기도 날아가다 멈춰 서서
뮤즈의 손을 잡고 갈대숲을 거닐고 있다

---

* 김춘배 화가의 그림 "조율"을 모티브로 쓰다

광화문 앵글

드론을 날리며 사진을 찍는 걸 보았지
웅웅 소리를 내며 날아가는 수컷 벌 소리
그 소리가 멈추지 않는 기차를 탄 것 같았지
긴 트랙은 끝이 없고 초록색 옥상도 보였어

나뭇잎이 다 떨어져버린 나무들만 있는 듯한
십일월의 광화문 거리,
비둘기들도 날지 않았지

새끼의 먹이를 구하러 바다로 나간 어미 새들이
미, 파, 솔까지만 목소리를 내는 걸 알았지
라, 시, 도, 톤으론 축복해도 저주하는 것 같거든

꿀벌들이 모여 웅웅대는 거리에서
지친 말의 울음소리가 내 귓바퀴를 때렸어
비바람이 지나간 자리는 찬 서리가 내렸지

뜨거운 심장은 소리를 높이지 않았고
그 날 가슴이 아파 나는 한 발자국도 못 걸었지
허공에서 웅웅대며 공회전만 하는 새가 되었지

외줄 타기

은하가 흐르는 우주에서
별들의 머리 셋이 세계를 흔들고 있지
장례행렬같이 늘어선 조등 같은 불빛들
카오스에 갇힌 듯 눈앞을 가리는 안개 속

그 안개상자 속에서 인형이 불쑥 튀어 올라
미친 듯이 널뛰기를 하고 있지
태풍이 하늘을 흔들어 놓은 듯 새파란 달이
헝클어진 구름 사이에 난파선같이 떠 있다

양떼들은 가슴을 쿡쿡 치며 침묵하는 세계
눈 표범처럼 천둥번개 속에서도 숨죽이고 있지
생이란 지뢰밭에서는
두 발을 잃을 각오를 해야 해

신발 속 모래알 같은 하이드가 덫을 놓았어
해일처럼 현해탄을 건너온 살모사 같은 밤
뭉크에 절규 같은 공포가 외줄타기를 해
그래도 우주에는 별똥별의 초록빛 기적이 있지

묵호 논골 담길 벽화

핫 플레이스로 달덩이처럼 떠오른 묵호 논골 담길
그 달덩이 속에는 오징어와 명태가 바람 태로 날린다
바람 태 같은 사람들이 생선을 지고 나르던 소쿠리에서
바닷물이 핏물같이 떨어져 논골 담 길이 되었지
명태 손질하던 좌판대 위에 갈퀴 같은 어머니의 손
생선처럼 펄펄 뛰었을 아버지의 검은 장화 발자국들
그 장화들의 생이 벽화 속에서 살고 있다
만복이네 가족은 바다에 신 포세이돈처럼
머—언 수평선 바라보며 동상으로 우뚝 서 있고
묵호의 속살을 감추고 있는 묵호 논골 담 벽화
"묵호에는 삶도 철학도 예술도 인문학도
모두 길가에 개똥입니다"
그 개 똥 같은 글귀가 내 심장에서 파동을 친다
바람의 언덕길엔 별 같은 카페가 별 세계를 꿈꾸고
별이 별을 길어 올리는 묵호의 논골 담길
애그플란트egg plant 열매처럼 노랗게 익어
묵호항 등대가 된다 "해에게서 소년에게"로 가는 길
"처얼–썩 처얼—썩" 바다를 들어 올려
하늘과 이어놓은 묵호의 수평선이 푸르다

깃털 털어내다

감나무는 달덩이 같은 자식 다 내어주고
새들이 떠난 빈 둥지 가볍다
들판도 가볍고 빈 논의 볏짚도 가볍다
가벼운 것들은 몸이 따뜻하다

볏짚 옷을 입은 감나무 눈 속에 갇혀서도
내일 부를 노래들을 안으로 접어두는 나무
하늘을 감싸 안으며 둥그러지는 몸
그 하늘 닮은 큰 나무이고 싶다

먹감나무 아래 앉아 담요를 둘러쓰고
감색 노을빛에 흰 노를 저어가는
한 마리 학을 본다
학의 날개에 얹힌 노을이 밀레의 만종 같다

에펠탑 같은 감나무에 등 기대고 머리 숙이면
시간과 공간의 내 세계를 벗어났던 생이
바람 소리를 내며 나의 심장에 불을 켠다
나도 가볍게 깃털을 털어낸다
다른 계절을 살다 올 앨버트로스 새처럼

카르멘의 사랑

순천만 갈대숲 길
청둥오리 갈대꽃술로 날아 오른다
한 생 푸르던 갈대의 꽃숭어리들 허공을 흔들고
하늘에 먹물이 번지듯 날아가는 도요새 늪지
무언의 제국 같은 갈대밭 사이를 돌아가는 강물처럼
청둥오리 고니 떼 출렁 깃을 치는 하늘

긴 허리 뼈 마디마디 녹슨 시간들이 쌓인 상처
눈꽃같이 하늘로 날아오르는 갈대꽃
꽃잎마다 하얀 명주실 같은 날개를 달고
대를 물릴 꽃씨가 은하처럼 펼쳐지는 세계

갯벌 속 갈대 뿌리 사이사이
물방울 같은 숨구멍으로 칠게, 새우의 숨소리
텅 빈 몸 서로 기대고 흔들리며
그 몸 하늘 악기인 듯 가을바람에 푸른 달빛이다

순천만 갈대밭은 지구의 아트리움
그 아트리움에서 고니처럼 도요새처럼
카르멘의 사랑을 꿈 꾸었던 나는
집시가 되고 강물이 되고 바다가 되어
움푹 가슴이 파인 낮달이 되었다

알바 생

오늘 알바에서 잘리고
금이 간 유리항아리같이 던져진 날
알바대신 키오스크를 쓴다고 했다
세상에 담을 확 넘고 싶었지
눈은 내리고 둥지 잃은 새처럼 날개를 접었지
등대 같았던 불빛들이
등줄기로 빙하처럼 흘러 내렸어

기도마저 철사에 묶인 듯
자학적 칼끝이 가슴을 후비고
피가 멈춘 것 같이 눈앞이 깜깜 했어
유기견도 힐끗힐끗 비웃음을 흘렸지
전광판도 눈물 속으로 얼룩졌어

가끔 신의 말씀을 어긴 탓인가
십이월의 그믐 밤 눈발 같은 불안들
물기에 흔들리는 종이인형같이
퍼렇게 얼어버린 손과 발
섬처럼 떠다니는 시퍼런 족쇄,
눈은 내리고 발가락 끝이 오그라드는 밤

눈 위에 찍힌 개의 발자국이 국화빵처럼 보이고
뱃속에서 커릉커릉 아우성을 치는 개소리가 났지
강다리를 건너다가 아래로 툭 떨어지고 싶었지
정규직, 얼어버린 먼-천왕성의 종소리…

화진포에서

문득 돌아보면 한 잎 이파리 같은 순간
눈을 감고 달려온 걸까
구름으로 케익을 만든 것 같이
소나기에 흘러내리는 무지개 케익
자존감이 그림자처럼 흐려지는 날
펄펄 끓는 냄비 속에 홍게처럼 익는 줄도 모르고
발톱 붉어지도록 달려온 시간들
홀로 리허설을 하는 듯 뼛속까지 젖어드는 바다
마지막 문을 열면 한 줄기 빛이 보일까
카멜레온 같은 내일은 유성의 꼬리였지
눈 감은 별들을 모두 깨워 물어 봐도
생은 축축한 칠월의 평행선을 긋는다
"좋은 사람들은 옳은 일만 해
그 일이 쉽지 않을 때라도" 그렇게 가르치신 아버지

순간 파랗게 부서지는 파랑 너머로

그 날 아버지 말씀 선잠 깨우듯 찾아온 여름 화진포

배달 라이더 샛별

숨 막히던 그는 바람보다 빨리 달려야 하는
목숨 값 삼천 원, 곡예사 같은 묘기를 한다
콜은 찰나처럼 떴다 사라지는 메시지
콜을 잡으면 십 분 내로 음식점에 가야 하고
십삼 분 내에 배달을 해야 하지
콜 세 개를 잡은 날은 운수 대통한 날이지
월급제가 아닌 지입제로
한 달 내내 날아 다니 듯 달리지만
초 단위로 쓰고 헌 옷처럼 버려지는 특수 고용 종사자
내 일이 오지 않을 것 같은 끝없는 터널이었지
오 분 늦으면 음식이 식었다고 취소를 하고
음식 값을 물어내는 것도 억울한데
"재수 없어" 라는 한 마디가 등에 비수로 꽂힌다
달리다 사고사를 당해도 근로 노동자가 아니라며
모든 보험대상에서 제외되는 투명 인간이었지
흰 국화꽃 관 너머로 배달 라이더의 먹물 같은 상처
세상을 전투하듯 달리다 저 세상 너머 한 잎 꽃이 되듯
꽃잎 하나 재 구름처럼 둥둥 떠나가는 배달라이더 별이
근로 노동자, 그 먼 세계에 별의 이름일까
내 눈에서 별이 자꾸 부서져 내려
물에서 샛별이 뜨듯 꽃 한 송이 떠 간다
숨 막히던 그는 어느 하늘에서 꽃잎으로 떠돌고 있는가

장미 빛 페트라

홍해에 아침 햇빛을 홍포처럼 입은 페트라
"영원한 시간의 절반만큼 오래된 장미빛처럼 붉은 도시"
천년을 잠들었던 비밀의 고대 왕국
나바테아 인들의 왕국을 무덤으로 말해 주는 듯
바위마다 혀 없는 검은 입을 벌리고 있는 동굴들이 무겁다

태양빛에 물든 협곡은 바위들이 살아있는 거인처럼
장미 빛 광채가 나는 갑옷을 입은
장수들같이 존엄한 모습이다
인간과 낙타를 묘사한 돋을새김 사이로
영혼들의 울음처럼 레퀴엠 선율이 협곡을 돌아가는 바람소리
초승달 계곡 사이로 천년 잠에서 깨어나는 알카즈네

영화 "인디아나 죤스"의 최후에 성전, 성배가 숨겨진 곳으로
그 후 더욱 유명세를 타는 페트라의 명물이다
파라오의 보물창고라는 전설 속 알카즈네
저 고대 신전 같은 무덤 속 주인은 영생했을까
그 문 앞엔 낙타들이 포토-죤 같이 앉아 졸고 있다
낯선 허공에 구름처럼 택하지 않은 길을 걷다가

순간 벼락 툭 떨어지듯 내게 기적의 순간이 왔지
팽팽히 조여진 시간의 소실점 너머 떠오르는 영상들
나바테아인의 바위틈 혼배식장에서 한 쌍의 비둘기처럼
나는 벽옥혼식을 하게 되었다.
관광 온 세계인들의 축하 박수소리가 천둥소리 같았지
찰나의 비둘기 한 쌍 깃을 치며 페트라 너머로 날아간다

와디 럼

자연이 이어놓은 사막과 하늘의 경계
화성과 목성의 중간 쯤에 행성 같은 붉은 사막
모래바람에 사막도 흔들리고 낙타도 흔들리고
영혼도 흔들리는 요르단의 황량한 바람소리
그 사막 길을 가르며 텅텅거리는 지프투어를 한다

길게 구불구불 그려놓는 바퀴의 줄무늬 도안이
파랑 같았던 내 삶의 파노라마처럼 따라 온다

마치 허공으로 날려 보낼 듯
모래바람이 몰아치고
하늘에 구름기둥을 세웠다 지웠다 반복하더니
낙타의 눈물 같은 빗방울이 체크무늬 터번 위를 때린다
그 빗속에 나는 뒷발굽 갈라진 낙타처럼 구부리고
베두인들의 젖은 등을 읽고 낙타는 나를 읽는다

그 낙타의 등 너머로 억겁인 양 바람이 전시해 놓은
와디럼의 컬렉션 같은 사암석들
그 사암석의 역사처럼 늙은 낙타가 우는 사막에서
나도 한 점 이름 없는 와디럼의 바람이 된다

파란 방

사층 계단을 오르며 추억을 꺼내본다
햇살이 살짝 비껴가는 방
바다, 심해같이 고요하지
가끔 자동차 불빛들이 창에 사선을 긋는다
층계를 밟던 발자국 소리들이 잠들면
작은 창문 앞 화분에서 동양 란 한 송이
톡 톡 톡 열리는 소리 내 심장을 열지
너로 인해 내 심장이 따뜻해질 때
노란 꽃술 물고 나를 보고 고개 숙이지
화답하듯 홀로 웃는 파란 방
침묵의 행간
어제와 오늘을 모르는 채 나비는 날아가고
푸른 숲이 그리워 파랑 페인팅을 했지
햇살이 비껴가도 파랑새는 순정을 업고
바다를 건너는 꿈을 꾸지
파란 하늘을 날아가는 꿈을 꾸지
그 꿈 너머 파랑새 푸른 깃을 치는 파란 방

사선의 경계

언택트 시대 마스크 속에서
이별의 아픔은 입안이 쓸개보다 쓰다
눈물이 앞을 가려 바람벽에 부딪치는
신음소리 한숨소리 공간 벽이 무겁다
누구도 대신 갈 수 없는 하늘 길
그 눈과 귀는 세상을 닫고
한 생 지고 온 세상의 짐을 내린다
아직 보내고 싶지 않은 아버지와의 이별
이별이 준비되지 않은 채 흰 국화꽃처럼
검은 리본 속 사진은 웃고 있다
소리 없이 사선의 경계는 분리되고
몇 천도를 타 오르는 불 화구 속으로 내려간다
이름 석 자 전광판에 반짝 떴다 사라지면
천국 문 안에 들기를 기원하는 사람들
하얗게 타는 입술을 깨물어 뜯는다
바퀴 구르듯 도는 초침들 너머
한 때는 누구보다 뜨거웠을 생 무너지는 소리
텅 빈 가슴팍을 쿡쿡 두드리며
깊은 한숨만 푸푸 마스크 속에서 뱉아낸다
이슬비가 내리는 아침

한 생의 붉은 물 다 빠진 몸
한 줌의 재로 말끔히 담긴 도자기 하나
적송 빼곡한 숲속 길, 검은 우산을 쓰고 간다
마스크 속으로 흐르는 눈물이 황천보다 깊다

춘천역에서 쓰는 편지

첫 눈이 내려요 그대가 보내온 편지처럼
만지면 사르르 녹아내리는 첫눈 같은 그대
서로의 눈동자 속에 비친 눈부처를 바라보며
아무도 살아보지 않은 첫 날을 살고 싶다 했지
카푸치노 흰 구름 한입 물고 편지를 쓰지요

첫 눈이 내려요 그대의 포근한 온기처럼
전화도 없이 그대가 올 것만 같아요
내 어깨에 눈을 털고 스카프를 감아주던 그대
그 날 꽃씨 한 알 첫사랑 붉은 꽃망울
꽃망울 머금은 동백꽃향기로 편지를 쓰지요

첫 눈이 내려요 그대가 읽어주던 서정시처럼
춘천 옥같이 푸르던 날의 청옥 빛 사랑
춘천역 광장에 그대와 그렸던 하트 하나
이젠 녹아버린 눈사람같이 말없음표가 되었지
첫 눈이 내리면 눈꽃으로 독백의 편지를 쓰지요

첫 눈이 내려요 칼림바의 종소리 연주처럼
먼 꿈속인 양 올림도 내림도 없는 그 자리
첫 키스처럼 찻잔으로 전해오는 눈물의 온도
그 온도가 차가워진 파란 편지를 읽으며
눈 내리는 풍경처럼 하얗게 그리운 춘천역

서귀포에서 온 선물

밀감 여러 박스가 집으로 배달되었다
향긋한 밀감 향기가 폭포수같이 쏟아졌다
나는 탄성으로 벌린 입을 다물지 못한 채
넋을 잃고 바라보다
수고했을 동생부부를 생각하니
뜨거운 무엇이 훅 목울대를 넘어온다

해마다 십이월이면 보내오는 밀감 선물
온갖 생명을 품고 사는 서귀포 푸른 바다같이
열 손가락 손끝 귤나무 가시에 찔리면서
삶의 베인 아픔들 몸 낮추고 시침질하며
귤꽃처럼 하얗게 웃는 동생의 얼굴이 밀감이다

그 밀감들이 동글동글 겨울에 마법인 양 뜨겁다
나눔으로 채워지는 감귤 빛 가득한 사랑
선한 귀 세상을 향해 열어놓고
밀감처럼 새콤달콤 사랑향기 보내오는 옥이
바닷길 하늘 길을 멀미하며 왔겠지

그 사랑에 종일 내 가슴이 울렁거린다

피아노 콘서트

까만 드레스에 그녀는 하얀 건반을 쓸어 주었다
흰 뼈와 검은 뼈가 울리기 시작했다
누르고 더듬는 음표 뒤에 숨어있던
그녀의 지나온 날이
신음처럼 울림으로 살아났다

그녀는 눈을 감고 리듬을 따라
심혈을 기울이며 의미를 지우려 했다
시간의 바람과 비를 견디어낸 스토리
빠른 연주 고도의 테크닉이
개성마저 지우려는 듯 연주가 이어졌다

그녀의 손가락들 사이로
배음이 살아나는 공간 감
무대 공포증으로 풀던 열 손가락은
명연주자의 소리를 닮아가고 있었다
그 연주 소리에 관객들의 입이 꽃송이로 피었다
한 번 밖에 없는 라이브 연주회 그 아우라다

그녀는 연주를 통해 존재의 빛을 찾아가며
고통이 빠져나가는 것을 느낄 때 연주는 끝이났다
그 날 미영의 피아노 콘서트를 보며
혀로 음식을 맛보며 이로 씹어 느끼는 미각이랄까
관객들의 박수소리에 명연주자가 태어나고 있었다

무의도 無衣島

컴퓨터 그래픽을 보는듯한 무의도 바다
박하사탕을 물고 휘파람을 부는 느낌이다
말을 탄 장군이 그 옷자락을 휘날리며
춤을 추는 것 같아 붙여진 이름

하얀 설탕 같은 하나개해수욕장 백사장에
"천국의 계단" 세트장이 외롭다
삶과 죽음처럼 밀물 썰물이 들고 나는 바다
하늘이 섬 같다 물에 가라앉지 않는 섬

썰물 때에 표정이 바뀐 바다의 갯벌은
검은 공포가 그림자처럼 드리운 생명의 대지
찢어진 돛을 매단 폐선 한 척이 중심을 잃고
엇박자로 삐걱거리는 불협화음이 외롭다

끝내 걸러내지 못한 생의 지느러미들
밀고 당기는 바다는 생과 죽음의 성소지
형벌 같은 파도가 두드린 횟수만큼 버거운 삶
호령곡산을 돌아가는 바다 누리길이 무심하다

그 바다 바람이 나의 한 쪽 가슴을 긁어댄다
눈물이 없는 눈에 무지개는 뜨지 않는다고
우주의 공간 사이를 헤매는 영혼은 말이 없다
빈 갯벌에 누워 때를 기다리는 폐선처럼.

라인 그리고 코드

멍든 손으로 영혼의 닻줄을 움켜잡듯이
점으로는 갈 수 없는 사람들의 세계가 있지
집 문밖을 나서는 순간부터
줄 서기를 시작하지 코드 맞는 선을 찾지

한 점 한 점 털어 버리고 싶은 것들을
어깨와 가슴을 짓누르는 돌덩이들을
그 돌덩이의 무게를
누구도 알지 못하는 암호를 채워놓고
나 아닌 나를 들이밀며 라인을 잡지

저 만치 멀찍이 서 있던 사람들이
너무 갑작스레 가까워져 어지러웠지
근시안적 배경에 할 말을 잊기도 했어
그 라인을 따라가다 보면
눈물 꽃자리 마른버짐처럼 피었고
그 라인보다 긴 울음소리가 들리곤 했지

세상 알고 보면 줄 아닌 것은 없었지
보이는 것이 다가 아닌 그림자 뒷줄에서

구름처럼 떠다니는 마음 누구도 모르지
천둥소리 공명으로 유리가 산산조각 나듯
밟아서는 안 되는 경계선을 밟고
백지장 같은 얼굴로 각혈같이 뱉는 말
코드가 맞는 라인은 무슨 색깔일까요

청간정 淸澗亭

천후산과 설악산 골짜기에서 흘러내린 청간천이
청보라 빛 파도가 넘실대는 동해바다로 흐르고
그 바다 기암절벽 위 울창한 송림에 둘러싸인
팔각지붕의 겹치마 활짝 펼친 청간정에 올라본다

시원스런 백사장에 흰 갈매기 떼 한가롭다
물새 한 마리 고기를 낚으려다 낮달만 건져먹고
솔잎처럼 푸르렀던 옛 선인들의 풍류와 시선들이
파란에 부서졌던 시간 너머로 징소리인 양 맑다

초대 대통령이 친필로 쓴 청간정 현판이 축축하다
팔각석주에 기대면 흰 포말로 밀려오는 관동팔경
관동별곡, 관동팔경의 제2경으로 노래한 청간정
콩콩 묻어두고 간 신화 같은 문장들이 눈 시리다

옛날과 오늘이 대동맥으로 흐르는 유리알 같은 바다
청간정을 호위하듯 당당하게 하늘을 이고 선 노송들
그 노송같이 은은한 향이 배인 옛 시인의 휘호들이
청간정 천장에서 천년 관동의 맥박처럼 쿵쿵 뛰고 있다

뜬소문

태풍에 부표처럼 표류하는 말
믿었던 말과 믿을 수 없었던 말
그 잘못 삼킨 말들이 숨을 쉬면
소문이 되어 반 박자 빠른 담을 넘어갔지
믿음에도 구멍 뚫리는 날이 있나보다

꼬리를 말고 앉았던 검은 고양이도
구름을 반쯤 덮고 눈감은 달을 잡으러 갔다
꽃피는 봄밤 집 나간 그녀
그녀가 감추고 싶었던 비밀얘기가
금이 간 담장 틈 사이로 새어 나왔다

그 말들의 꼬리가 더욱 길어지더니
그 꼬리는 꼬리를 물고 바람을 일으켰다
오리털 베개를 지붕으로 가져가
칼로 배를 갈라놓은 것처럼
깃털은 바람을 타고 눈처럼 날려갔다

사람들은 진실보다 기사에 귀를 열었다
긴 스카프를 날리며 그녀가 삼일 전 왔었다고
꽃비가 흩날리던 바람 부는 봄밤이었다고
열 살쯤으로 보이는 여자 아이와 택시를 탔다고
바람에 날려간 깃털을 다 주워 올 수는 없었다

가을 밤 지하철역

하늘로 솟는 날개를 달았던 스무 살의 그를
지난 늦가을 저녁 지하철역에서 보았지
날개는 퇴화했고 살점 속에 몰래 묻어 둔
날개를 꺼내려는 듯 온 몸을 떨고 있었지

콘크리트 벽에 등을 내주고 초점 잃은 눈동자
햇살 밖에서 걸었을 무채색의 풍경화같이
세상 빈틈없이 맞물린 도형들 사이에서
부딪쳐 깨지고 피멍이 든 한 쪽 귓바퀴

하얀 파스하나를 귀에 붙이고 만지작거렸다
그 모습이 고흐의 자화상을 떠 올렸지
가시적인 것은 소멸되는 것이라 했지만
생은 한 걸음씩 음미하는 여행이라 했던가

그의 아내가 호흡기 줄에 묶인 채 십년
천 번 만 번 계획했던 삶들이
태풍에 눈처럼 흩어져 버린 소용돌이 속
어느 기억 꿈속에 사는지 허공을 젖는 손

어떤 꿈속일까 갑자기 심장 찢는 소리로
날지 않고 먹고사는 새가 있다고,
그 얼굴 백지장같이 빛을 잃어갔어
한 올만 툭 잡아 당겨도 풀어져 버릴 것 같았지

용서의 바깥은 죄가 없나요
허공으로 뱉는 그 소음이
내 귓바퀴에 꽂혔다가 묵음으로 서서히
변주시키는 늦가을 지하철역

딸의 전화가 아프다

무덥고 뜨거운 열기가 화덕 같은 날
학원 강사인 딸에게서 전화를 받았다
코로나가 4단계로 격상하고
딸은 밥 먹을 장소가 없어 점심을 굶는다고
강사라는 이름이 빛만 좋은 개살구란다
도시락을 배달해도
교실 밖 화장실 가는 층계에서 먹는다고
청소를 해도 무더위의 열섬 탓인지
토가 날 때도 있었다고
늦게 퇴근하는 날은 저녁을 놓치고
길거리 음식을 사 먹는다고 했다
오늘 건물주인 학원 원장님이 오셨기에
점심 먹을 장소를 건의 드렸더니
"나도 내 차안에서 먹어"
단칼에 말을 잘라 버렸다고
그럼 나 같이 차 없는 강사는 어쩌지?
더 심한 말을 들은 강사도 있다며
이렇게 정중한 무시를 받는 게 강사라고
코로나보다 더 무서운 건
꽃 탈을 쓰고 목에 깁스한 사람이

한 명이거나 여러 명이 아직도 있다는 것
나는 왜 여기 서 있나 몰라
딸의 눈물 젖은 울림은
나의 원고지에서 발효되지 못 한 채 핼쑥하다

채석강

천만 년 전 중생대 백악기를 읽는다
바닷물의 침식이 켜켜이 쌓인 역암
그 역암과 사암위에 주름진 얼굴들
꾹 누르면 거문고 소리가 날 것 같은 채석강

바다물결은 잠시도 그냥 일렁이지 않는다
바다가 잿빛속살을 드러내는 시간이면
어머니들의 치열한 삶의 터전이 되는 갯벌
사슴 같은 눈매의 사람들이 사는 변산반도

그 천년의 시간이 반으로 접혀버린 듯
가슴도 눈도 시린 날, 바람도 구멍이 있는지
변산반도가 내는 긴 울음일까 채석강 통곡일까
채석강은 오감의 촉수를 열고 귀를 씻는다

심장도 오만하고 감정도 오만해 진 날
채석강에 서 보면 나는 감성적 소인이다
마치 물 위에 떨어진 잉크 한 방울처럼
둥둥 떠다니며 잃었던 퍼즐 한 조각이
내 안의 영혼을 들여다보는 채석강

수족관에 비친 초상

왠지 데쟈뷰 같은 푸른 이끼 낀 수족관
바다에서 달리던 때가 아련한 물고기
창窓인 듯 문門인 듯 들여다보는 나를 보며
뻐끔뻐끔 내게 던지는 화두는 무엇일까

투박한 수족관에 햇살이 쏟아져 내리면
자유롭게 유영하는 참돔 눈이 반짝반짝
눌리고 눌렸던 숨이라도 풀어 놓는지
들뜨지도 팔랑대지도 않고 평화롭다

경쟁에서 밀릴까 조바심도 내지 않고
괜찮아 동그란 물방울을 동동 올린다
비우고 낮추면 네 길을 이끌어 줄 거라는 말
그 따뜻한 거짓말을 어떻게 깨달은 걸까

눈물을 흘릴 수 없어 입으로 불어내는 물방울
숙명처럼 주어진 수족관의 모래를 삼키고
낯설은 어느 먼 곳 낯설지 않은 어느 곳에서
외로운 행성의 초상같이 참돔 수척하다

그림자의 무게

온통 텅 빈 나의 문에 다가서 본다
내 삶의 기적은 나를 그냥
스쳐 지나친 건 아닐까
하늘이 지치면 구름옷을 입는 걸까

한 손 먼저 내밀면 되는데
내 발이 돌처럼 무거워 망설였지
모양 재고 부피 재고 두께 재고
이렇게 사는 삶이 참된 삶일까

높은 것만 최고로 아는 세상에서
높은 것도 낮은 것도 영혼의 두께는 같겠지
태양만 바라보다 눈 한 번 돌려보면
햇살 때문에 그림자 지는 곳이 보이지

저녁 무렵 풀이 죽어 집으로 돌아올 때
지는 해는 내 그림자를 골목 끝까지 키워주며
이 세상에서 당신이 제일 크다고
나의 집 앞에 그림자를 눕히고 간다

양양의 풍경소리

낙산사 해수 관음상을 뵙고 오는 길
칠층석탑을 돌아 나온 바람에
속 비운 목어는 목마르고
단청 끝 풍경소리 천상의 음악소리 같았지

쌍호 호숫가 모래 언덕 위 오산리 선사 박물관
신석기 시대 선조들의 지혜가 숨 쉬는 소리
그 흙 속에 푸른 영혼과 돌 속에 나비 웃음
나뭇잎 하나 풀잎 하나까지 햇살에 반짝인다

하조대 해변에 설탕같이 하얀 백사장
하륜과 조준의 은거지라 그들의 성을 따서
지었다는 하조대. 역사의 페이지를 넘기 듯
먼 길 달려와 참았던 숨을 토하는 동해바다

조화벽 지사의 길을 걸어본다
백 년 전 버선목에 독립선언서를 숨겨와
삼 일 만세 운동에 불씨를 활활 집혔던 그녀
양양 땅엔 송이버섯같이 향 맑은 사람들과
조화벽 지사의 만세소리 오늘도 혈맥 뜨겁다

인피니트 스튜디오

노을 진 하늘풍경이 말랑말랑한 시간
내 그림자를 비치던 태양은 등을 보인다
하얀 백사장에 느릿느릿 피고 진 발자국들이
붉은 노을빛 일몰에 보석함 같은 태안 바다

시야는 맑아지고 투명하게 보이는 풍경들
일몰이 인피니트 스튜디오에 젖은 시간 속으로
간격을 무시한 채 걸어 들어가는 저물녘의 생애
고된 날들의 짐을 내려놓고
갈매기들은 하늘을 펄럭 들어 올린다

사람들과 물새들이 남긴 모래위에 발자국들
살아있는 지형학 교과서를 읽는 시간이다
인피니트 스튜디오 찰찰 넘치는 물속에
무한대의 내 그림자를 담고 툭툭 두드려 본다
삶이 허허롭지 않은 시간을 살았느냐고?

해님과 그림자놀이를 끝낼 시간
바닷새 떼 지어 우는소리
올 수 없는 사람을 바닷가에 앉아 기다리며
"떠난 날을 위한 엘레지"의 선율을 듣는
기억 한 줄기 무심히 수평선을 넘는다

구곡폭포

수 천 개의 구슬이 떨어지는 듯
세찬 물소리 청량하다
세찰수록 눈부신 폭포
산은 파란 유화물감을 칠한 듯 색감이 깊다
폭포는 할 말이 많은지
소실점 방울방울 몸살을 앓고
나는 우주 공간에 전하는 경전을 읽는다

우리가 보는 것은 이미 과거의 일이고
앞날의 일은 볼 수 없다고
주춤주춤 뒤로 걷듯이 앞으로 가는 것이 생이라고
물줄기에서 강물소리가 들린다

나의 뜨거운 영혼을 적시는 구곡폭포
절벽 아래로 떨어진 물이 다시 돌아오지 못하듯
내가 가야 할 길 같은 하얀 물보라
시작도 끝도 없이 허공에 거꾸로 매달려 부서진다

낡은 옷처럼 헐렁해진
내 껍질 하나 벗어 퇴고한다

시인들의 강

강물에 가만히 귀를 대고 들어보면
누군가 숨어있네 누군가 부르네
잊었던 그대의 숨소리인가
다가서면 그리움 바람 되어 출렁이네

잃어버린 나를 찾아 미루나무에 기대면
누군가 숨어있네 누군가 바라보네
보고픈 그대의 눈빛인가
마주서면 노을빛 물비늘만 부서지네

소리 없이 흘러가는 은하수 강물처럼
아름다운 날 꽃 점 하나 그리기 위해
절절한 그리움 마른 대지를 적시는가
눈물 안개로 피어나는 시인들의 강

2부

은하수 건너는 물소리

생은 흐르는 물 같은 것

가을 아침 경쾌한 빗물소리
미세한 물소리가
내 몸과 마음속으로 스며들었다
지나간 시간들이 안개처럼 피어오른다

고통은 무의식 속에 묻어 버려도
빛 바랜 텅빈 마음
낙엽이 떨어져 밟힌다
오만했던 나도 밟힌다

손목위에 시계초침 소리가 맑다
사십 오년을 함께한 분신 같은 것
당신은 나의 시간속에서
나는 당신의 시간속에서 함께 살았지

개미처럼 살다 오던 길 돌아본다
내 차가운 손과 그대의 따뜻한 손
함께 잡고 걸어온 푹 패인 발자국 자리
생은 다 같은 곳으로 흘러가는 물 같은 것

전화선 저 너머
(너 하나님의 사람아)

흐르는 것들과 흘러가는 것은
돌아보지 않는다는 것
밤사이 별들이 내려와 별 조각으로 밤을 새운 듯
창 밖에 붉은 단풍 같은 그녀의 소식이 날아왔다

현의 비브라토처럼
갈대꽃같이 흔들리는 마음일 때
우리 집에 와서 하룻밤 묵어가라는 말
전화선을 타고 온 그녀의 목소리
햇살내린 바다의 모래알처럼 따뜻하다
미인 송松 같은 그녀의 향기에 젖는다

에스더의 현신인가
불꽃같다가 유리알 같다가 하늘빛 같은 그녀는
익산 만경평야에 피어 난 꽃보다 아름다운 별
"너 하나님의 사람아"
바다 같은 마음 문 활짝 열고
그녀가 반겨주는 샤론의 꽃 궁전

쓸개보다 쓴 삶의 십자가를 지고 그 궁전에 가면
단풍나무는 가을을 앞세우고 먼저 와
그녀의 환한 웃음소리를 내며
단비처럼 촉촉이 나를 반기는 집
노란 단풍잎처럼 따뜻한 그녀의 눈빛만 보아도
나의 가을은 쉼표 같은 초록별들로 가득합니다

---

* 한국기장전국여신도 원계순 회장을 모티브로 쓰다

갈릴리 호수

예수님의 발자취로 가득한 갈릴리 호수
그 호수의 공기를 숨 쉴 때마다 같은 공기를 숨 쉬었을
주님을 묵상하며 배에 올랐다
하프 소리처럼 잔잔한 하늘빛 호수
정 중앙에 배를 띄워놓고 선상에서 성찬식을 시작했다
그때 별안간 풍랑이 일어났다
짐승의 울음소리 같은 풍랑에 아우성을 치는 뱃머리의 깃발들
뱃전에 묶인 쇠사슬이 천둥소리처럼 뱃전을 때려댔다
2000년 전, 물위를 걸으시던 예수님의 발자국 소리일까
오늘 나는 보아야 할 것을 보지 않고
보지 말아야 할 것을 보며 물속으로 빠져가는 것은 아닌지
알게 모르게 죄 지은 나를 회오리바람 속 피터피쉬* 같이 돌아본다
엉클어져 산발같이 날리는 머리칼을 감싸쥐고 회개하는 시간
거세게 몰아치는 풍랑 속에서도 성찬식 포도주를 아멘으로 받았다
그 후 가스펠송 가수처럼 배의 선장은 찬양으로 우리를 인도했고
"주님만 바라볼지라" 삼 십 명의 찬양은 풍랑을 넘어섰다

선상의 성찬식을 뒤집을 듯 흔들어 대던 회오리의 풍랑도
천상의 아리아처럼 아름다웠던 갈릴리 호수

---

* 피터피쉬: 베드로 물고기

베들레헴의 거절

베들레헴에서 눈앞을 막는 팔레스타인의 높은 장벽
그 장벽 옆 호텔에 들기까지 성지순례는 꽃길이었다
그날 밤 코로나19로 이스라엘에 한국인 입국금지가 내려졌고
나는 호텔에서 바로 자가 격리 되었다
순간 암실 같은 시간에 갇힌 새가 되었고
아침이 되자 새를 쫓듯 한국인들을 호텔에서 내 보냈다
여행은 이틀이 더 남았었지만
예루살렘 순례는 성벽만 바라보다 발길을돌렸다
슈와르마 하나로 점심을 먹고
공항 가는 길도 국경검문소에서 막아 버스 안에 갇힌 채
내게 주어진 산 일까 건널 수 없는 강 일까

예수님 탄생 때에도 여관마다 방 없다 거절했던 땅
아기를 구유에 누이셨던 마리아의 아픔이 서린 베들레헴
시퍼렇게 날을 세운 코로나 바이러스의 위세는 도도했고
국경 검문소를 간신이 나온 한국인들이
벤구리온 공항에 넘쳐났다
나는 난생처음 공항노숙을 했지만 내 나라가 있다는 게
하늘만큼 감사해 빨간 담요 속에서 고래처럼 깊은 잠을 잤다
이튼 날 이스라엘이 처음 내어준 전세기를 타고 돌아왔다
사랑하는 대한민국. 애국심이 백두산 천지같이 나를 적셨다

예배, 웃음꽃 무늬

예배를 드리다 무심코 내 발을 보았다
짝이 다른 검은 색 구두를 신고 있는 내 발
색깔과 굽 높이가 같아 집에서 나올 때도
교회에 와서도 느끼지 못했는데 보는 순간
혼자 씁쓸한 웃음이 터져 나왔다

옆자리에 남편과 대학생 아들이 앉았지만
둘 다 눈치 채지 못했고 발을 숨기는
내 부자유스런 몸짓과 참는 웃음 때문에
아들이 내 발을 보고 그도 웃음이 터졌다

쉿, 웃지 말라는 내 제스처에
아들은 웃음을 참느라 머리를 숙이고 있었다
그 모습이 곰돌이가 숨어 웃듯 어깨가 들썩거려
그만 남편도 보고 웃음이 터졌다

내 오른쪽 발 왼쪽 발은 그날 죄인이었다
셋이 숨 죽여 웃느라 눈물이 났다
주일 날 무슨 기도를 했는지 설교를 들었는지
내 발을 남들이 볼까봐 괴로웠던 시간이다

예배가 끝나고도 누가 볼세라
나는 죄인처럼 재빨리 교회를 나왔다
셋이서 집에 올 때까지 웃었던 기억 뿐
지금은 빛이 바래 진 예배 때의 웃음꽃 무늬다

아침을 열다

허무와 절망으로 나는 가끔 서지 못하고
바다에 떠 있는 섬처럼 눈물에 젖습니다
달다 쓰다 다 혀끝에서 해결되는 세상인데
바닷물을 마신 것 같은 목마름으로
크레바스같이 텅 빈 내 가슴은
비바람이 휩쓸고 갈 때마다 돌밭을 헤맵니다

무엇을 비워내면 새처럼 가벼운 몸이 될까요
땅속 깊이 흐르는 물 같은 사람이 될까요
악기가 비어있어 아름다운 울림을 내듯이
하늘 꽃구름 한 폭 베고 공 공 꾸는 꿈
꿈은 허공을 날아가는 새 같이 외로운 것
나를 버리고 낮아질 수 있는 지혜를 주소서

욕심그릇이 나의 영혼과 심장을 짓누를 때
파란 하늘을 날아가는 열기구같이
뜨거운 사랑과 겸허하고 명민한 기도로
텅 빈 마음 그릇을 준비하게 하소서

살아 있다는 것이 스파크가 일어날만큼
뼈저리게 귀하고 아름다운 일임을 알게 하소서
해와 달과 바람을 삼킨 한 알의 씨앗처럼
선한 마음으로 진리의 말씀을 깨닫는
고요한 호수 같은 아침을 열어주소서

치자꽃 향기

치자꽃 향기에 일어나 새벽 기도를 합니다
성전을 지을 때 돌 깨는 소리가 나지 않듯이
내 속에서 요란한 소리가 나지 않게 하소서
치자꽃 향기가 고와서 눈물이 납니다

내 안에서 또 다른 나의 울음이 들립니다
그저 내내 해 달라고만 매달렸던 나
너무 불쌍해 보이는 자신을 돌아보며
마음결 가다듬고 회개의 고백을 합니다

나의 뜻대로 되지 않을 때
내 삶의 주검 같은 그림자가 덮칠 때
하나님의 뜻이 있음을 깨닫지 못했습니다
오직 내 아픔과 슬픔을 없애 주시고
내 가족들을 보살펴 달라고 했던 못난 기도

온 세상은 코로나로 병들어 죽어 가는데
치자꽃 향기는 이 아침 맑기만 합니다
내가 울면 비구름도 울게 하시는 주님
일상이 바뀐 예배당에 십자가만 덩그러니 지킵니다

나눔으로 인해 따뜻해지는 심장을 주시고
십자가에서 죽기까지 우리를 사랑하신 하늘 꽃송이
빵만으로 살 수 없음을 깨닫게 하신 주님
치자꽃향기로 하나님의 사랑을 찬양합니다

보리수나무

교회 뜰 돌담아래 초록빛 보리수 한 그루
첨탑같이 단단해진 몸으로 당차게 서서
"내 뜻대로 마시고 주님 뜻대로 하소서" 새벽마다
성도들의 기도를 받아 삼키는 나무

작은 초록 귀를 팔랑이며 하늘을 품은 듯
우주의 에너지를 하얀 꽃으로 피워낸다
당신의 숨결로 살결로 느껴지는 귓바퀴 같이
방울방울 핏방울 같은 열매가 붉다

길 잃은 양들에게 묵언으로 쉼을 주고
물살을 이기려하지 말고 순응하라며
파랑 작은 손 흔드는 소리 영혼을 깨우지

빨간 보석처럼 익어가는 열매를 보면
촛불을 켠 듯 마음 환해지지
유월 예배당 창문으로
조롱조롱 넘어오는 붉은 샛별

은하수 건너는 물소리

나의 마음을 하늘로 열어놓고
항상 푸른 잎사귀로 살게 하소서
달콤한 유혹 앞에서도 흔들림 없는
별을 닮은 소금 같은 사람이게 하소서

연못에 물이 가득차면 소리가 없듯이
말 하지 않아도 향기를 날리는 꽃처럼
기도의 향기가 넘치는 사람이게 하소서

바람이 부는 것 구름이 흐르는 것
소소한 일상에 기쁨을 감사하게 하소서
화려하지도 비굴하지도 않게
꽃 진 자리에서 열매를 맺는 나무이게 하소서

가난한 마음 바다 같은 마음 서로 기대고
그 온기의 마음결이 물들어가게 하소서
눈 뜨고 숨 쉬며 생의 종착역을 모르지만
풀잎에 맺힌 이슬방울처럼 맑게 하소서

새벽하늘을 보며 촛불을 켜놓고
빈 가슴에 돌단을 쌓으며 무지개를 보게 하소서
침묵하는 지혜를 주신 주님, 코스모스 저 너머
은하수 물소리 내시며 오실 당신을 기다립니다

샤스타데이지 꽃 환한 날

다른 별의 거울일까
샛별도 반달도
첨탑 뒤로 잠자러 간 새벽
슬픔으로 가득 찼던 하늘이
나 대신 울어주듯 소나기가 쏟아진다

신과 인간이 무엇인지 이해할 수만 있다면
사람의 눈빛을 읽을 수만 있다면
눈물로 어제는 씻어내고
오늘의 허물들 맑게 벗겨 낼 텐데
나의 기도는 왜 그늘진 곳으로 기울어질까

고래 뱃속에 들어갔던 요나처럼
수없이 내가 왜 라고
뱉고 삼켰던 피톨 같은 말씀
이 시간 머리에 이고 반추해보니
나는 샤스타데이지 꽃잎 뒤에 숨고 싶다

칼날에 가슴을 베인 후에야
용서라는 말을 떠올리며

주여! 만리장성보다 긴 숨으로
등뼈에 깊은 문신을 새기듯
뜨거운 삶의 꼬리를 잘라낸다

평온의 온기가 내 어깨를 감싸준다
다시 오실 그분을 기다리며
문 열어두는 데이지 꽃 환한 새벽

지각생의 고백

첫 때의 기적을 나타내신 갈릴리
그 때는 미래적이기도 하지만
현재를 놓치시지도 않으시는 주님
하나님의 창조세계
눈에 보이는 것은 육일동안 지으시고
눈에 보이지 않는 안식일까지 지으신 주님
예수님께서 참 열매가 되셨기에
우리는 주님 안에서 철들어 갑니다
계절은 때가 되면 꽃을 피우고
시간에 리듬 따라 떨어 버리는 아쉬움
나는 지각생의 더께를 벗지도 못했는데
지각생은 감성도 늦게 작동되는 걸까요
나의 우주는 텅 빈 듯 공허 합니다
오월에는 나의 회개의 고백도 푸르게 하시고
부족한 내 속을 들여다 볼 수 있게 하소서
말씀이 다 보배고 보물임을 깨닫게 하시는 주님
하늘 너머 머무시는 별의 큰 눈으로
지혜를 주시고 모난 돌을 다듬어
유리같이 맑게 나를 닦아 주소서
참 열매가 되신 주님은 나의 첫사랑!

샛별이 되어

우리에게 사랑을 통째로 내어주신 주님
따뜻한 당신의 가슴을 잊지 않게 하소서
험한 산이 가로막혀
숨넘어갈 듯 아플 때도
생명수를 건네주시는 주님

나의 삶 나의 생 나의 하루는
나도 모르는 기적의 연속입니다
내가 바라던 간절한 소원과 기적을
놀랍게도 다 이루고 살았습니다

어제 밤 까만 울음 삼키고
아침에 활짝 피어 난 나팔꽃처럼
어깨 추스르라고 손 잡아주신 주님
이 행복을 깨닫게 하신 주님을 바라봅니다

주님 사랑의 항아리에 정갈히 담기는
물이 되기를 원합니다
그 사랑에 눈도 귀도 멀어
당신 안에 별이 되어 어둠을 밝히는
샛별처럼 주님의 부름을 기다립니다

조그만 애기

내 혼이 지쳐 무릎 꿇으려 할 때
내 속에서 천둥소리로 나무라시는 주님
번갯불같이 번쩍이며
차가운 물 정수리에 부어주시는 주님
내 속 때 묻어 쌓이는 욕심
샘물로 맑게 헹구어 주시는 주님
새물 냄새나는 빨래처럼
사랑의 문양 내 살 속에 새깁니다

조그만 애기처럼 마중물 한 사발 부으며
주님을 만나기 위해 펌프질을 합니다
끊임없이 자라는 번뇌를 삼킨 울음은
순금보다 값지다고 말씀하시는 주님

꺼멓게 때를 묻혀 미끄러운 심지에
기름이 끓는 머리를 성령의 물로 씻으시고
주님 성소에서 자라나는 씨앗처럼
주 안에서 자유를 얻는 나는
아직은 조그만 애기

집으로 가는 문

우리가 잠들면 주님 안에서 어린양이 되고
깨어나면 섭리가 되는 걸까
달빛 피리소리가 들리는 새벽
깨달음의 닫힌 문을 두드립니다

끝없는 밤바다와 같은
현실과 현세적인 삶과 생의 무게
튀는 레코드판 같이 반복되는 사유들
조용히 희망의 등불 하나씩 달아 놓습니다

성자와 선지자들이 사랑은 희생이며
영혼을 비우고 마음을 비우는 일이 삶이라고
그 삶은 영원히 도달할 수 없는 걸까요
짐을 지고 뚜벅뚜벅 걸어와 내려놓습니다

말씀은 영혼의 비밀일까요
그 비밀을 언어로 누설한 것이 말씀인가요
수레바퀴 굴리 듯 오늘도 나는 휘청거리며
본향 집을 향하여 말씀의 문을 열어 봅니다

하얀 거짓말

벚꽃 화르르 피어 환한 날
꾀꼬리 소리 한 옥타브 높일 때
개울물 소리를 따라 걸으며
전화에 대고 거짓말을 했지요

달 항아리 이 빠진 것 같이
아니, 금이 더 갈까 두려워
마주보지 못한 채
등 돌리고 또 거짓말을 했지요

오랜 날 내 안 깊숙이 자리한
인연도 아닌데
거짓말 한 것이 스스로 부끄러워
목에 걸었던 십자가를 풀어서
가방에 넣었지요

그 가방 안에서 소리가 났어요
네가 나를 감춘다고
보이지 않게 한다고
네가 내 눈을 가릴 줄 아느냐
내가 너를 못 본 척 할 줄 아느냐

게으름과 핑계를 댄 거짓말이
하얀 꽃잎이 되어 물에 흘러갑니다

내 항로에 키를 잡으시고

하늘을 나는 새도 깃털 하나로 떨어지고
햇살만 비친 땅은 사막이 되는 것 같이
빵을 먹다가 인생을 생각해 본다
사랑과 고통이라는 재료는 생의 빵을 만들지

마음에서 가장 약한 부분은 어디일까
진정한 사랑에는 미움과 증오도 필요하다고
별은 밤의 어둠을 통과해야 빛을 내듯이
행복의 원천인 햇빛과 그늘이 한 몸이었어

나는 가끔 정신의 뿔이 날카롭다
천 대의 촛대를 녹이며 하얗게 새운 밤
교회당 종소리는 일어나라 조용히 울리고
눈 뜨지 못한 꽃씨 한 알의 울음

공작새 속눈썹 같은 자귀 꽃이 환한 날
초록 눈물을 달고 둥근 우주를 빚어낼 때
내가 기다리는 건 내 항로의 키를 잡으신
당신이 나의 문을 열어주기를 기다려요

그 또한 기쁨이길

누군가 씨 뿌리고 눈물로 가꾸고
거두어 낸 소금 같은 시간 들
아주 먼 옛날 서로를 훔친 운명처럼
한결같이 그 자리에 계시는 당신
순박한 떨림이 있는 사랑의 숨소리
별똥별을 볼 수 있는 눈과 존재의 기쁨
바람의 노래 바람의 날개 끌어안으며
진주빛 달빛이 첨탑 끝에 앉은 새벽
나의 마음 문 빗장이
안으로 걸려 있었나요
당신의 집 문을 노크하는 내 손은
물결처럼 흔들리며 떨리고 있어요
언제나 정갈하게 마련된 나의 자리
영혼의 방마다 쌓인 먼지를 털어내려
구김이 간 채 한 점으로 앉습니다
카프카의 그레고르 잠자의 벌레처럼
죽음은 의사소통의 문제였을까요
벗어 놓았던 흰 옷을 찾아 입고
영혼의 음계를 누르며 기다리는 당신의 음성
오늘도 무소식, 그 또한 나의 기쁨이길…

아기 새

늦가을 찬 바람이 부는 오후
치과를 다녀오는데
보도블럭 틈에 가랑잎같이 팔랑이는 것
나무위에서 떨어진 아기 새 한 마리

한 쪽 날개만 푸덕이며 머리를 들지 못한다
손에 올려놓고 댓 걸음쯤 걸으며
다리도 만져보고 날개도 잘 펴서 보니
다친 곳은 없어서 다행이었다

나는 집으로 가져와 보살필까 하다가
새 집도 없으니 날려 보내자 마음먹고
작은나무 위에 올려놓고 날아봐, 날아봐 했다
그러자 포르르 옆에 담 위로 날아 앉는다

나는 또 떨어질까 마음 졸이며
기도하듯 너는 날 수 있어 멀리 날아봐
한참을 앉아있던 새가 날개를 털더니
알아들은 듯 아기새는 담 너머 산으로 날아갔다
상한 갈대 하나도 꺽지 않으신다는 말씀
작은 생명도 보살피시려 부족한 사람을 통해
기적을 보이시는 당신께 감사기도를 했다

풀잎 한 장에도 감사

여름밤은 기도하기에는 너무 덥습니다
태풍에 휘말린 비둘기가 파르르 떨며
본향 가는 길을 잃었습니다
갈라진 긴 붉은 혀를 날름거리는 뱀들
그 뱀에게 돌맹이를 던지고 또 던졌던 꿈속
이방인의 눈동자 속에도 촛불이 켜지는 새벽
나의 아침은 박하향나는 잠에서 깨어나
부끄러운 마음에 이슬 젖은 풀잎 한 장 가리고
당신의 이름 부릅니다
상처마다 새 살이 돋아나는 시간
들판에서 끊이지 않고 부는 바람처럼
생은 광대하다고 큰 함성 같은 울림에
해바라기의 씨앗이 까맣게 익어가는 여름 날
믿음의 실뿌리를 세상 깊숙이 내리게 하소서
푸르고 여린 풀잎 한 장에도 품위를 지키며
알몸을 가릴 수 있는 풀벌레들이 노래하듯
나는 이 새벽 벌레처럼 업디어 찬양합니다

나와 당신 그리고 달과 별

나만의 섬에서 등불을 들고 바라본다
순간 등불을 끄고 하늘을 본다
지상에 나와 당신 그리고 달과 별

보름달은 세상을 읽어내는 만화경
은하수에 달이 풍덩 뛰어들면
강물속에서 흔들리는 추상화 한 점

그 추상화처럼 별이 빛나는 여름 밤
어둠을 조율하는 별빛들과 달빛
자연법칙을 서로 존중하는 지구와 우주

별빛이 정원을 펼쳐 놓으면 자연은 머리 숙이고
자세를 낮출수록 모든게 편하다고
툭 던진 한 마디, 사람사는 일도 그럴까
세상에 빛이 되라던 주님을 그립니다

흔들리는 목소리

푸른 감람나무잎을 맨발로 걷는
당신과 만났어요
나마저 나를 빠져나가는지
바닥에 떨어지는 것들과
내 안에 누워있는 내가 흔들린다

함께 마시던 찻잔을
선율 위에 얹어놓고
나, 그리고 당신을
심장 속으로 꾹꾹 어겨 넣는다

신의 영역이라도 엿본 듯
내 탓이라고
주문처럼 중얼거리면
내면에서 요동치는 비둘기 울음소리

달을 닮고 싶다

차창 밖으로 달 하나 따라온다
교회를 갈 때도
야근을 마치고 오는 날도
돌아보면 저 달이 웃고 있다
내가 달을 잊은 때가 있어도
달은 늘 나를 따라온다

나도 누군가에게 달빛이 되고 싶다
치열하게 살며 상처받은 날도
눈물 흘리다 돌아보면 괜찮아
머리를 빗겨주는 달 빛
저만치에 거리에서 언제나 손 흔드는
포근한 엄마 눈빛으로 따라오는 달
저 달처럼
댓가 없이 모든 이에게 베풀며 살고싶다

초록 블로그

이해하기 힘든 난해한 글을 읽으면
맛 없는 음식처럼
내 의식을 망가뜨린다

현대 삶의 문제는 너무 서두르는 것
냉대와 무시가 판을 치는 세상

꿈이라는 건
때론 뜻대로 되지 않는 것
기다리라고 답하시는 건
신의 아름다운 계획이겠지
믿으면서도 마음 부서질때가 있다

초록이 행진하는 여름
신의 마법으로 만들어진 바보의 마음
그 마음은 너무 순수하고 겸손해서
부서지지 않는다고
오늘도 바보의 마음으로
주님앞에 머리숙이고 무릎 꿇습니다

하늘 캔버스

일곱 번씩 칠십번이라도 하라는 용서
베드로에게 대답하신 주님
배낭에 세상사 집어넣고 메어본다

무게가 살을 파고드는 어깨 끈
다시 하나씩 빼어 내려놓고
밝고 고운 마음만 바치고 싶은 소망
하늘 캠버스에 물감을 뿌리고
나이프로 긁어본다

꽃을 사랑했던 기억과 추억의 정원을 가꾸고
모든 이에게 축복이 넘치는
진실의 꽃을 피워내는 하늘 캔버스
푸른초장에 양떼같이
하늘은 고해성사처럼 하얗게 벗겨지는 날
그 분 계신 높은 곳 그리움의 스토리…

사해 바다에 앉아

고통이 올때마다 평안을 바라며
하나님이 설치해 놓으신 허들을 넘듯
또는 숨겨놓은 보물을 찾아내면서 산다
아픔은 사람을 넉넉하게 만들기도 한다

사람이든 바다든 받을줄만 알고
내어 줄줄 모르면 죽은 것이다
모든 물을 받아들여 움켜쥐고
흘려보내지 않아 죽은 사해 바다

죽음으로 변하는 진리를 보여주는 바다
우리는 스스로 택해야만 한다
홀로 외로워진 사해 바다가 되지 않기위해
이제는 나의 힘을 빼고 놓아주자

내가 올린 기도는 무엇인가
아버지의 뜻이 아닌
내 뜻이 이루어지게 해달라고 한 것인가
악마는 유혹하지만 신은 참고 기다리신다

동굴 속으로 깊이 빠지다

하나의 생명체는 무엇으로 살고
우리 삶의 시간은 어떻게 채워야 할까
신앙과 선함이란 무엇일까
기도하다 생각의 동굴속으로 깊이 빠진다

새소리 물소리 바람소리가 멈춘 듯
세상은 고요히 정적속으로 잠수했지
이것이 인간의 숙명인가 힘의 원천인가
어쩌면 내게도 그것은 참인가보다

유수풀에서 눈을감은 채 듀브를 탄다
그저 둥둥 떠내려가는 것
언제나 주님께로 가는 튜브를 탔으니
힘을 빼자 안전한 곳에 데려다 주실테니…

심장에서 꺼낸 편지

마른 내 발등에도 꽃잎이 내려앉는다
생의 신발 잠시 벗어놓고
시간도 한 점 벗어놓고
내 속에 헛꽃도 지우고
텅 빈 선방 하나 짓는다

우주의 블랙홀처럼 공간의 질량과 속도
시작과 끝이 모두 시간의 역사지
붉은 발바닥을 흔들리지 않으려 힘을 주고
심장에서 꺼낸 편지를 읽다
맺힌 눈물 뜨겁다

손에 박힌 아픈 못은
한 끼 밥이되는 노동력이다
노동의 시간은 생의 강물이 되고
바다가 되어
오늘도 어디론가 흘러가고 있다

구월의 나비

신은 어디에 사실까
커다란 나무 안에 살까
태양 속에 살까
계절의 경계를 허물 듯 날아온 나비

나비의 유전자에 새겨진 본능일까
낯선 껍질을 벗어 버리듯
커다란 나뭇잎에 날개를 펴고 착 붙는다
날개옷에서 햇볕 향기가 난다

햇살 아래 물방울처럼 피아나는 소국
풀섶에 귀뚜라미는 한 옥타브 올리고
그 노래가 언제 끝날지는 아무도 모르지
떨어지는 낙엽도 보아주는이 있다하네

생은 나비같이 허공을 날고 나는 것
때론 백조같이 깊은 강을 저어가는 것
한 영혼이 차가운 물에 발을 담그고
백 년을 젖는 나비 발 같은 것

토왕산 폭포

흰 비단 한 폭 걸린 가을이여
꿈속처럼 나 손님으로 가고싶네
설악산 정령이 큰 북을치듯
쩌렁쩌렁 지구에 노래가 들리는 곳

운무 속 물소리는 내 영혼을 깨우고
잠자던 추억들을 끌어 올려
오색 무지개로 걸어놓은 폭포
깊은 영상속으로 나를 불러들이네

산 정상의 꽃들은 색깔이 더욱 곱다
공공 내 마음도 따뜻해지고
가을 선선한 바람은 풍요로움으로
나를 충만케 하는 산

토왕산폭포 오르며 뜨겁던 나 어디갔나
폭포에 물보라는 황홀하게 부서지고
세찬 물소리 리듬속에서 평안해지는 나
가을 햇살에 황금빛 광채가 웅장하다

3부

연둣빛 바람이 되어

연둣빛 바람이 되어

봄 햇살처럼 금실 드레스 차르르 끌며
수선화 아이리스 꽃잎에서 춤을 추는
나비같이 산새같이 춘천에 가고싶네

풍차 도는 공지천에 화르르 벚꽃이 피면
그대가 보내온 꽃무늬 스카프를 날리며
연둣빛 바람이 되어 춘천에 가고 싶네

무지개 빛 첫사랑을 오리배에 띄워놓고
약사 천 원앙들도 가슴부풀려 사랑하는 봄
그 원앙 같은 사람들과 춘천에 살고싶네

봉의산

당신은 춘천의 눈빛
큰 북소리로만
눈을 뜬다
맥국의 뿌리 품은 우람한 몸
오 천년
파란의 성난 바람에도
봉의 산성에 장엄한 어깨
우주의 기운을 받아 봉황이 알을 품듯
봉의산 아침 햇볕이 소양강에 출렁이며
힘줄 세우는 소리
용트림하는 소리
거문고 소리로만 혈맥이 뛰는
춘천 사람들
영혼의 경전 같은 봉의산

춘천은 안개 동화책

춘천에 가을 새벽은
원근감도 현실감도 물안개에 지워지고
그 고요 속을 헤치며 찾아온 그대
안개도시 춘천은 커다란 동화책
그대는 찾아와 행복하게 머물다 가세요
강물 흐르듯 생애도 선순환이 있지요
어릴 때는 부모와 찾아오고
보고 싶다 보고 싶다 친구와 찾아오고
어른이 되면 나의 아이들과 찾아오는 곳
춘천 풍경에 반하고
춘천사람들 인정에 또 한 번 반해서
소양강에 오신 그대여
동화책 페이지를 넘기며 즐겁게 지내세요
춘천을 찾은 그대에게 나머지 한 생은
보석처럼 아름다운 호수와 풍경을
그대에게 선물로 드릴께요

박씨 부인을 그려보며

감정의 어두움이 짙게 덮일 때
신들이 놀다 간 풍경 같은 소양강
봉황대 아름다운 강가엔
늘 어머니의 기다림이 있다

물안개 푸른 꽃으로 피는 밤
강물 출렁이며 물새 우는소리
그 소리는 어머니가 들려주었을
태교음악같이 평온함으로 안겨 오는 강

사람의 마음을 함부로 재단해선 안 된다고
퇴계 선생을 품고 사는 박씨부인은 강물이었다
그 강물 너머 북두칠성이 뜨는 강가엔
보살 같은 그분의 어머니가 살아계신다

그날이 오기 전 까지는

그날
얼어 죽을 것 같이 추운 날
그가 문 밖에 와 있기를
그가 옆에 있어 주기를
그를 만날 시간을 기다렸다

밤마다 해변에서 그는 춤을 추고
눈을 뗄 수가 없어 넋 놓고 바라봤지
시각도 청각도 나는 변해 갔고
마음도 시간도 뛰어가는 듯 했다

그 날이 오기 전 까지는
사고를 당한 그를 병원으로 찾아 갔을 때
그는 작은 소리로 인생은 규칙이 없다고
내 생에서 아름다운 꽃은 져버렸다고

그 밤
스물 세 잎의 꽃별이 하늘에 반짝였다
내가 만난 가장 아름다운 사람
세상에 영원한 건 없는 것

고향 밥

따끈따끈한 엄마 밥이 그립거든
솥 밥 먹으러 고향으로 오세요
목줄을 풀고 목어처럼 울고 싶은 날도
봄 강물 흐르듯 고향으로 오세요

엄마의 정겨운 눈빛으로 목소리로
얘들아 밥 먹자 부르실 것 같은
살구향기 나는 사람들이 반기는 곳

우리 같이 밥 먹자 그 한 마디에
가슴이 후끈해지는 더운 밥 냄새
그 밥물이 들어
또 다른 나를 만나는 내 고향

봄의 언덕에 앉아

진실도 거짓도 흥미 없는 날
마음의 날개는 자유롭게 날아간다
햇살이 가득하기를
꽃향기가 가득하기를
유채꽃 환한 봄의 언덕에서
기도를 해 보지만 거품처럼 사라진다
내 마음에 눈이 녹지 않았는데
푸른 보리는 파노라마로 일렁이고
바위틈으로 물소리 맑다
바람도 포근한 봄날
때론 침묵하는 눈이 더 아프다
태양처럼 베풀고 강처럼 너그럽기를
순간 감사함이 꽃망울처럼 터지는 봄
뻐꾸기 울음소리에 진달래꽃 붉다

하얀 고래

좋은 순간은 와르르 무너지는 것일까
어디에서 길을 잃어버린 것인지
푸른 강물을 퍼 나르는 흰고니 날개 깃
그 날개깃이 아침 햇살에 환하다

밉고 반가운 사람.
너와 힘들었던 만큼 그 깊이만큼
돌아보면 조목조목 아픔이었지
바람 속에 홀연히 날아 간 꽃잎하나

그대가 스치듯 물결에 일렁이는 그림자 하나
나를 찾으러 왔을까
나를 잊으러 왔을까
햇살도 눈물 글썽이며 붉어지는 눈망울

유빙처럼 떠돌며 닫혀있는 마음
파문이 인다 추운 사람은 아니었을까
바다로 흘러들지 못하는 강처럼
저 수평선에 원을 그리는 하얀 고래

안사람 의병 노래비

한 생애를 건너 아득히 새겨진 안사람 의병가
나는 윤희순 노래비 앞에 앉아
맑고 높은 하늘을 품은 듯 한 숨소리 듣는다

폭풍 같은 세월을 온 몸으로 견뎌내고
나라 위해 한 생을 바친 그 얼룩진 시간들
그 몸속으로 달빛에 맛이 배인 백자처럼
가을 하늘을 얹은 푸른 청자처럼 새겨진 발자국

아직 할 말이 남아 있는 듯
나뭇잎을 흔드는 바람소리
둥근 귓바퀴를 스치는 긴 역사의 숨소리
민족의 혼 일깨운 서슬 푸른 만세소리

태극기 움켜쥐고 달렸던 한 생애
노래비의 한 끝을 지그시 누르면
당신은 오늘도 우리의 영혼 속에 살아나
애국의 뿌리를 뻗어가는 민족의 노래가 되리라

French kiss

밤하늘 수많은 별처럼 수수께끼죠
밟아서 깨뜨린 유리잔처럼
조각조각 참 퍼즐도 많은
우리의 사랑은 오로라와 같아요

행복이란 사랑하는 사람이 옆에있어
손을 잡을 수 있는 것일까요
사랑인 줄 알고 가슴이 저릿하다가도
내가 죽었나요, 천사가 보여요

계획은 바램대로 되지 않아서
창 아래의 불빛들이 네모반듯하게 보이고
빠져나가는 것 부딪치는 것
가을바람에 잎새처럼 나는 간 곳이 없네요

사랑인 줄 알았는데 열병이었지
나의 세상은 그럴사하게 무지개를 꿈꾸고
얇은 포장지로 덮어주면 눈부신 걸까요
고운 추억 한 잎 프렌치 키스…

외로움

외로움은 가을비로 내리고
비 내리는 강가에서
저녁 안개로 피어난다
고요한 외딴 섬에서 조차
소리없이 하늘로 오르다가
너무 외로워 강물위로 내린다

새벽 어스름 속에서도
고독은 가을비로 울고
모든 사물들이 새벽을 향해 일어날 때
무엇하나 찾지 못한
몸통은 실망하여 서로 작별을 고하고
미워하는 사람도 사랑하는 사람도
한 지붕 아래에서 누워야 할 때
외로움은
강물처럼 흐느끼며 흘러갑니다

가시나무

탱자나무 찔레꽃나무
아카시아나무 장미꽃나무
가시 많은 나무가 아름드리나무가 되어
궁궐을 짓는 재목으로 쓰인 건 없었지
말의 가시
눈의 가시
마음의 가시
말 한 마디가 뼈에 박히고
가시가 되어 찌르는 말을 삼켰던 아픈
순간 나도 말이나 글로 가시가 되어
남을 찌르고 할퀴어 상처내지 않았는지
내 안에 페이지를 한 장씩 넘겨본다
나도 모르게 찌르는 가시가 있지는 않았을까
아름드리나무 한 그루 내 안에 심으면
수채화의 물 번짐처럼
가시 끝 아슬히 사라져 달꽃이 핀다

첫사랑 편지

하얀 치자꽃 꽃송이 속에
나비처럼 살며시 오렴

바람에 숨소리 들리거든
날갯짓하는 꽃잎으로 오렴

여름비 내리는 강물 위로
물방울 소리로 동동 떠 오렴

푸른 풀 섶에서 가슴 살짝 열고
보일 듯이 보이지 않게 오렴

하얀 치자꽃 꽃망울처럼
부풀어 오른 그리움으로

은은한 향기 터트리며
아침이슬처럼 나에게로 오렴

그런 사연이 있었군요

무슨 염원이 있어 천년 은행나무 아래
저리도 간절한 모습으로 서 있을까
나이테가 예술인 별빛 옷을 입은 은행나무

그 나무 밑에 그림자같이 합장한 저 사람
나무와 사람의 관계, 예배대상과 예술 사이
순간 환상처럼 숲에서 걸어 나오는 부처님

위엄과 자비와 미소가 갸냘프고 통통한 손
얼마나 많은 인연의 줄을 타고 세상에 오셨을까
바람결에 주름 옷자락 끌리는 소리 적막하다

마음속 불이 훅 올라오면 속을 비우러 오는 사람
그 비움의 혼을 불어넣어 부처를 조각 한다고
아! 그런 사연이 있었군요
나무에 깃 든 불성을 깨워 부처가 되듯
그 은행나무도 사람도 산도 살아있는 부처였다

안타까움 반 무거움 반

어둠이 내리면
그 어둠속에서 예민해지는 감각
눈으로 보는 것이 다는 아니지
가끔은 보이는 것이 눈을 멀게 할 때도 있지

빛을 향해 걸으면 새벽이 오겠지
조그만 흔적들이 모여서 풍경을 이루고
돌멩이 하나하나가 쌓여 탑이 되듯
작은 돌멩이들도 박수 받는 세상은 올까

몽글몽글한 흙을 만져본다
흙냄새를 따라 수많은 물음표가 맴돈다
나의 정체성을 찾아가는 걸까
내 존재의 재료가 흙이라면
흙 한 덩이로 남겨지는 것

사색에 잠길 때 내 심장엔 비가 내리고
안타까움 반 무거움 반이다

아기 백로

여름 장마 끝 오랜만에 친정집에 갔다
바깥마당 옆 도랑물이 맑게 흐르고
앞산 소나무 숲은 지금도 백로들의 보금자리다
햇살이 든 대문 안에 들어서니
물에 흠뻑 젖은 아기 백로 한 마리가
겁에 질린 듯 삐이삐 울며 어미를 찾는다
어미를 따라 나왔다 길을 잃었나보다
가엾어서 마루로 데려와 물을 닦아주고
먹이를 먹이려 해도 입을 꼭 다물고 있다
하얀 목련꽃잎 같은 아기 백로
나는 손등에 하얀 티슈 두 장을 날개처럼 붙이고
새가 날아오듯 팔랑이자 어미가 온 줄 알았는지
입을 크게 벌리고 먹이를 달란다
나는 흰 티슈 날개를 흔들며 아기새에게
밥알을 먹이고 조그만 풀벌레를 잡아 먹였다
어미 새인 양 손만 펄럭이면 따라온다
저녁 때 앞산 소나무 숲에 백로들이 돌아왔다
나는 아기 백로를 소나무 숲에 데려다 주었다
아기를 찾은 백로들이 잠든 숲은 고요했다

말하는 앵무새

"귀 열고 입 닫아"
사람만 보면 말하는 새
앵무새는 어디서 배운 말일까
귀는 항상 열고 입은 닫아 아끼라고
두 귀로 들은 말도 다 말하지 말라고 하신
성현들의 말씀을 누가 알려 주었을까

입은 잘 지키지 않으면
맹렬한 불길이 되어 집을 다 태운다고 했지
마음이 문인 입을 다스리지 못하면
몸을 치는 도끼와 찌르는 칼이 된다는 것

말 잘하는 사람을 앵무새 같다 하지만
그 앵무새도 자기 말은 한 마디도 안하지
세상에서 말 잘 한다 하는 사람도
예의를 갖추지 못하면 말하는 앵무새지

마음을 이어주는 말도 때론 그 한 마디가
슬픔이 되기도 하고 기쁨이 되기도 하는 말
바다보다 혹한보다 다스리기 어려운 입
그 입 그 말의 죽어본 사람만이 알지
세 치의 혀가 사람을 죽이기도 살리기도 하니까

생의 거품

감정이 널뛰 듯 하는 여름
푸른 나뭇잎이 왜 나무에서 떨어질까
들리는 것 보이는 것 침묵하는 것
가끔 한계를 느끼기도 하지
기회라는 것, 그것은 무한대다
인생 나침판이 필요할 때
승리의 열쇠는 누구의 머릿속에 있을까
나의 반대편에 있는건가
헛바퀴를 돌리며 물 위를 걷고 있어도
물보라처럼 여유를 갖자
그 물보라를 보려고 물에 젖기도 하지
환경 탓일까 기후 탓일까
영혼이 와해 된 자가 활보하는 세상 같다
실망보다 더한 감정의 문제일지도 몰라
생이란 물보라가 아닌 거품 같은 것
물 위로 수없이 떠다니는 거품도
무에서 유를 창조하는 것이 생이 듯
나의 세계에는 무지개 초원이 있다

갯벌 위에 누드

힘들어 멈추고 싶은 시간도 있지만
침식과 풍화를 거친 이름 없는 배
모래에 그어진 물결무늬 같은 한 생

거대한 우주속에 한없이 작은 점
아득한 별과 같이 존재하는 한 줌 먼지
주인이 따로 있듯 세상을 잠시 빌린 몸

무엇을 채워야
무엇을 버려야 자유로워질까
얼마나 썩고 사무쳐야 하늘 열릴까

갯벌에 누드처럼 누운 배 한 척을 보며
앤드류 카네기에 "일몰을 기다리는 배"
"반드시 밀물 때는 온다" 시어가 눈을 연다

긴 입맞춤같이 숨 쉬는 바다와 달의 간극이다

아름다운 혼란

자기 세계에 갇혀서 마음을 열지 못했지
달을 따 달라고 밧줄 던져 보라고
금붕어를 보며 산호 속에 살고 싶단다

꿈꾸는 사람 같다
우주의 큰 빛의 알갱이들이 빛이 난다
별도 돌도 내가 모르는 존재의 의미가 있겠지

거울 보기가 두려운 날도 있지
실험 쥐가 된 느낌
죄 없는 사람이 벌 받는 사람도 있는 걸까

생은 걸어다니는 그림자일까
판타지 속에 살 듯 아름다운 혼란
돌체라떼 커피잔에 든 달을 마신다

가을은 홀로 무겁다

너무 아파 홀로 존재의 무게에 눌려
까맣게 타고
제 마음에 고인 말
눈물로 써서 나무에게 줍니다

크지도 작지도 않은 갈참나무 뒤에서
사랑한다는 말을 속에 묻고 숨이 막힐 때
파토스를 조율해야 했던 가을

스스로 떠날 채비를 하는 나뭇잎들처럼
텅 빈 공허만 툭 던져놓고
안개속을 헤매는 서늘한 그리움

내 속 안으로 고이는 눈물은 외로움일까
감기몸살처럼 스며드는 가을
서정처럼 번지는 고뇌와 미련

가을은 홀로 무겁다

강물은 돈오돈수

청색 안개에 파래진
물새의 동그란 눈알이 맑다
강 물결 너머 어딘가에서
자장가 소리가 들려 오지요

강물엔 수 백만 편의 시와
서사가 들어 있는 듯
신명처럼 뱉는 비음같기도 하고
때론 일그러진 영혼처럼 얼비치지만
돈오돈수 같은 가을 강

사랑은 함께 노를 젓는 것
강물처럼 깊게 사랑하는 것
물에 비친 나를
사랑했던 나르시시즘에서 깨어나면
푸르른 가을 강은 돈오돈수

포말 하우트*

별은 길잡이였고
별은 시계였으며
별은 지혜였다

작은 노 하나에 의지해
물살 가르며 달려온 바다
하늘 물방울 바다 물방울 같은
푸른 점 하나 죽은 듯 창백한 밤

여름 밤 불투명한 영혼들을
우주가 흩뿌려 놓은 듯 빛나는 바다

그 우주를 등대처럼 밝히는 너는
포말 하우트
아름답구나 외롭고 슬픈 자화상

물먹은 점 하나
밑바닥으로 끝없이 가라앉을 때
우주를 열어준 나의 길잡이 알파 별

---

* 포말 하우트: 태양계의 18번째 밝은 별

고성 통일전망대

금빛햇살 펼쳐진 동해바다 삼천리 우리국토
다녀올수도 닿을수도 없는 한민족의 땅
금강산 향기가 살갗에 느껴질 것만 같다

그 금강산 끝 봉우리 구선봉이 아름답다
몇 천년의 역사와 신화를 낳고 품은 뿌리
남과 북 분단의 길 너머 해금강이 맑다

평화통일 씨앗들이 바람의 실려 오가는데
얼킨 실타래 같은 이념으로 막힌 철책선
이산가족 뛰는 맥박 칠십년이 아프다

나는 혓바늘 돋도록 남북통일을 기원할 때
푸른용이 승천하듯 청운의 하늘 장엄하다
그 하늘처럼 강원특별자치도 서광, 온 세계 비치리라

포인세티아

까마득히 잊혀졌던 얼굴 하나
시린 가슴을 건너와
그리움으로 녹아드는 겨울 밤

포인세티아 붉은 꽃잎처럼
십 이월 성탄절 단상을 장식하 듯
그냥 가만히 미소가 지어지는 사람

찻잔 속으로 어리는 동그란 얼굴
티스푼으로 저어 지워보아도
내 눈은 포인세티아처럼 붉어지네

너와 나 사이에 오래 앓던 불씨인 양
함께 했던 마음 한 끝이라도 보고픈 마음
포인세티아 꽃잎처럼 십 이월 내 노트에 붉다

죽서루에 앉아

고통을 무의식속에 묻고
죽서루 여행을 갔다
세상 삶은 평탄치 않다
삶과 생은 늘 흔들거린다

사람들은 중심을 잃지 않으려고
늘 터를 반반하게 고르고 다진다
나는 죽서루 앞 회화나무 아래 앉아
오십천 절벽위에 세운 죽서루를 본다

터를 반반하게 다지는 대신 자연암반 위에
길이가 다른 숏 다리 롱 다리 기둥들이
덤벙주초로 지은 자연주의 건축
나는 넋이 나간 듯 죽서루에 반했다

늘 덤벙덤벙 살지 말자던 내가 싫다
서둘지 말고 조급해하지 말고 욕심 내려놓고
남과 비교하지도 말고 시간을 이겨내 보자
때가 되면 다 잘 될 거야

고요히 들리는 음성
내 마음 속 기둥을 세울 때
오십천을 돌아내린 바람이
회화나무 잎을 흔들며 박수를 보내고 있었다

나는 산처럼 앉아 별을 본다

별은 바라보는 자에게만 빛을준다
먼 별들은 신들의 눈동자일까
밤 하늘은 나를 별빛에 감전시킨 듯
나는 산처럼 앉아 별을 봅니다

조명 꺼진 무대에서 울어본적 있나요
눈 빛 하나 없는 빈 객석에 침묵만 흐를 때
창을 열고 무심히 바라본 하늘
서로 빛이 되고 빛나게하는 별을 봅니다

밝은 별 하나 큰 눈으로 세상을 관찰하고
어둠의 정령을 밀어내는 초록 별빛 하나
내 가슴이 얼마나 뛰었는지 잊지 말아요
밤마다 은하수를 건너는 나를…

연꽃 바위

바람과 해와 달과 별빛을
온몸의 소금 꽃무늬로 새기고
겸손한 바위로 엎드린 채
바닷물 세례를 받으며 수련 중이다

파도의 성냄도 꾸지람도
설법으로 듣는 듯
철석철석 온몸을 때려도
참선하는 연꽃 바위

그 연꽃 위에 천년을 앉아
억겁을 사신 부처님이
금강경을 설법하고 계시는 걸
나는 동해 영진해변에서 보았네

안개

안개 속을 걸으며
가시나무새처럼 홀로 울었어
햇살 환한 날에는
친구들의 웃음소리로 가득했지

강 물결 위로 아물아물
하얗게 피어나는 안개꽃
그 꽃 속에서
나를 부르는 소리 들리네

그리움 가만히 밀어내는 안개
물새는 어디로 날아갔을까
인생은 안개처럼 멋진거래요

4부

해바라기 사랑

꽃 편지

한 시인의 텃밭에 봄꽃이 피어나면
꽃 신령이 들린 듯 보내오는 꽃 편지
호반 새가 호르르 휘파람을 불어주면
화르르 제 몸 뒤집는 꽃잎들
음표를 그리듯 꽃들의 촉수는
벌 나비를 부른다
꽃구경 온 손님이 좋다는 그녀
맨드라미꽃 냉차와 딸기 수박 내어놓고
낮달처럼 옥잠화처럼 웃는 그녀가 꽃이다
햇살보다 따뜻한 그 웃음소리에
봉선화와 양귀비꽃이 붉다
봄 내내 꽃밭에서 피어나는 봄 꽃편지
그녀는 시저를 유혹한 클레오파트라
꽃밭에 사는 여왕벌이다.

꽃피는 가방

아버지의 가방은 바위덩이 같다
누구도 들지 못하는 아버지의 가방이
대문 밖에 누워있다
그 안이 궁금하여
햇살도 기웃기웃 새들도 내려와 앉았다 날아가고
지나가던 고물장사 할아버지도
툭툭 차보고 두드려도 보고
"그 가방 참 무겁네"
모두 궁금하여 들여다보고 안 본 척 지나 간다
비바람 속에서 때론 균형을 잃고 넘어지기도 했지
그 날들 때문에 그물맥 같은 숨결이 새겨진 심장
내 눈에는 보이지요
세포분열 하는 태아처럼 끊임없는 핏줄의 능선
그 실핏줄 같은 우주의 내력을 나는 알지요
머루알 같은 아이들의 눈동자와
목마 타고 놀던 아버지의 목덜미 순례와
꿀벌들의 하늘 같은 이야기가 가득 담긴 아버지 가방
하늘나라 아버지가 보낸 꽃씨인가
빨간 우단동자 꽃 세 송이가 피어났다
아버지의 가방은 오늘도 우리가족의 현재형
꽃피는 가방이다

진채화 한 폭

산마다 진채화眞彩畵를 병풍처럼 펼쳐놓고
그 산맥 따라 쿵쿵 뛰는 비둘기의 숨소리

푸른 달빛이 흐르는 그린-리버에
한 장의 비단 이불로 내려앉은 물안개

그 넓이 그 깊이를 알 수 없는 그림자는
초록빛 가지마다 꽃을 피우지

지구가 눈을 뜨듯 아침 해가 솟는 동해
동해의 정동진은 우주의 심장이지

바흐의 토카타와 푸가가 울려 퍼질 것 같은
너와 나 사랑하며 노래하는 강원도

노을빛 뒷편

빛인가 하고 보면 한 무리 구름이고
구름인가 하고 보면 노을빛 가득한 하늘
무덤 앞에 앉아 노을을 바라보던 사람
하늘도 흔들리고 산도 흔들리고
요령소리를 내는 바람만이
상여꾼 발소리를 내던 구월
빛과 어둠이 꽃무늬 도안처럼 선명한 하늘
그 하늘 너머 우주로 흐르는 시간은
시작도 끝도 없는 길
노을은 생과 죽음을 한 줄로 엮은 마지막 빛 같다
폐선처럼 녹이 슬고 시커멓게 닳은 기억들이 일어선다
그는 언제부터 무덤가에 앉아 노을을 보고 있었을까
넋을 잃고 바라보는 그 사람을 나는 애써 등을 돌려도
도려낼 수 없는 선명한 상처들
하얀 구절초가 아홉 마디 꽃을 피우고
갈대는 노을을 붙잡고 갇힌 한 마디를 몸에 새기는 날
무덤가에 앉은 저 사람, 누구를 생각하고 있을까
저물어 가는 노을빛 뒤편에서.

금관을 쓴 나무

해와 달의 시간을 머리에 이고
상처가 있어도 말없이
기도하듯 두 팔 벌리고 선 나무
파랑 속에서 나무는 무엇을 꿈꾸는 것일까
태양 에너지 둥그런 나이테에 감아 돌리며
나뭇가지 사이로 떨어지는 햇살 한 점
우주에서 굴러 떨어진 별빛 한 점
구름처럼 물안개처럼 떠다니는 가을
시간 이동을 하는 타임머신을 탄 것처럼
눈을 가린 채 길을 걷다 해동갑을 했던 날
그날도 햇빛과 물은 흐르고 열매는 영글었지
황금빛 청룡포를 입고 금관을 쓴 듯
은행나무 환하다
그 은행나무를 닮고 싶은 나의 가을

노을에 물든 소양2교

하늘과 땅을 풀로 붙인 듯 한 봄날
코로나 바이러스는 전 세계 사람들을
마스크와 방호복 속에 숨게 했지만
소양강에 노을빛은 눈부시게 붉다
화산같이 활활 타오르는 불꽃 노을
강물결의 주홍빛 일렁임은 신의 옷자락
꽃잎에 눈물방울이 향기의 보석이 되듯
기도에 눈물방울이 사랑의 보석이 되듯
그 눈물만이 마음 그릇을 닦아낼 수 있다했지
울지 못한 사람들, 울음을 잃어버린 사람들
코로나19 공포로 텅 빈 회색 거리
그 너머 밝은 눈 밝은 귀로 위로하듯
저 불꽃 같은 노을빛 봄은
파릇파릇 꽃눈을 열고 있다

아몬드 꽃

와디아라 길목에 무깃도 성을 돌아 내려오면
이스라엘 평원의 새싹보리 초록이 싱그럽다
샤론 평야를 사뿐사뿐 건너온 봄바람에
아몬드 꽃이 꽃구름처럼 피어나 분홍빛 환하다

신은 꽃무리들 사이로 낮달을 하얗게 토해내고
꽃잎의 상처하나 없이 꿀을 따는 꿀벌들 소리
꽁지 푸른 새 한 마리 포르릉포르릉 햇살 맑다

아몬드 꽃향기의 꽃사슴같이 떠오르는 한 사람
꽃 침에 찔린 듯 겹겹의 꽃무늬로 찍힌 가슴앓이
저 꽃송이들 속에서 벌처럼 울면 꽃사슴이 올까요

하늘 한 자락 훔치다 들킨 듯 폴짝 숨는 새
초록 이랑에 하얗게 내려앉은 아몬드 꽃잎들
한 사랑 지고 열매 자라 천의 씨앗 꿈꾸는 봄
내가 그어놓은 선 안에 갇힌 나를 풀어놓는다

사랑

현미경으로 본다고
다 볼 수 있는 건 아니지요
주파수를 맞춘다고
다 들을 수 있는 건 아니지요

코드가 다르면 공감할 수가 없지요
파일이 깨지면 인식할 수도 볼 수도 없지요
맞지 않는 코드를
억지로 맞춘다고 소통이 될까요

서로의 눈빛만 보아도 옷깃만 스쳐도
고요한 달빛 행간의 빠져 들듯이
무선 리모컨을 누르면 채널이 따라 돌듯이
눈빛만 보아도 통하는 것이 사랑이지요

개를 데리고 다니는 신사

강풍이 세차게 불고 비 내리는 날
바람에 신사가 넘어졌지
흙 범벅이 된 그 모습에 사람들이 웃었지
나도 돌아서서 웃었지
아마 그 신사의 개도 웃었나보다
신사는 개에게 막 화를 냈지
너 때문이라고
네가 줄을 땡겨서라고
개는 어이없다는 듯 눈만 껌뻑거렸지
개가 불쌍했다
바람과 비는 모른 척 했지
"바닥은 보이지 마" 개는 무릎을 꿇었지
말 못한다고 생각까지 없는 건 아니지, 헐

네가 봄이런가

남풍을 타고 노란 꽃잎들이 코러스를 넣는 봄
첫사랑에게 보낸 편지는 꽃잎처럼 날아가고
한 자락 봄의 시간이 심장 속 가시로 남은 채
봄의 정맥을 긋듯 독백처럼 하는 말
네가 봄이런가

꽃잎같이 져 버린 그의 발자국마다 고이는 눈물
구멍 숭숭 뚫린 돌담으로 봄바람 드나들고
그 바람 하나가 기억하는 파랑의 문학청년
실레마을 그 파랑 해학의 소설이 꽃피는 삼월

돌과 돌 사이를 돌아 흐르는 시냇물소리
동백꽃 화르르 열리는 꽃그늘 아래 앉아
두 발 냇물에 담그니 발가락 끝을 치는 전율
그 전율,
나의 꽃자리로 오기까지 채 일분이 걸리지 않았다

사랑은 꽃물 든 사람하고만 하는 줄 알았는데…

서귀포 동백꽃

흰 눈이 펑펑 내리는 날 잔뜩 움츠리고
가로수에 핀 새빨간 동백꽃을 본다
반질반질한 초록 잎사귀 그 붉은 꽃송이
애타는 사랑, 기다림이란 꽃말을 읽는다

마치 하늘에서 내린 아름다운 목소리
마리아 칼라스를 보는 것 같다
빨갛게 몸 부풀리고 피었다 떨어지는 꽃송이
그 한 몸 어름 칼로 툭 쳐낸 듯
뚝뚝 떨어진 목

나는 꽃송이를 주워 머리와 가슴에 꽂고
오페라 '나트라 비아타'의 여 주인공
비올레타가 되어 눈을 감고 걸어본다
눈 속에서도 피를 토하듯 새빨간 꽃을 피우고
의지와 인고를 승화시키듯
나의 손등에 툭 내려앉는 한 송이 동백꽃

하얀 별의 입술

아침이슬 방울방울 맺힌 하얀 찔레꽃
그 꽃에는 아련한 비밀이 저장되어 있지
해마다 찔레꽃순차를 만드시며
찔레꽃같이 웃으시던 어머니

어머니가 말려주신 찔레꽃순차를 우려
유리 찻잔에 담아 마시면
잡념으로 시끄럽던 머리가 고요히 가라앉고
입 안 가득한 꽃향기는 찔레꽃으로 피어났지

그 꽃들이 피던 고향엔 이제 길도 지워지고
리조트와 카페들로 풍경이 바뀌었다
그 틈 그늘에서 핏기 없이 피어난 찔레꽃이
어느 떠도는 혼의 한지종이 꽃 같다
시린 뼛속까지 환해지던 찔레꽃 피던 내 고향

하얀 별의 입술처럼 하얀 별의 손짓처럼
찔레꽃순차 한 모금 입에 물고 밤하늘을 보면
꽃잎 같은 하얀 이로 웃으시며
반짝반짝 별로 뜨는 나의 어머니

풀꽃 향기

딸기우유를 엎질러 놓은 듯
연분홍 벚꽃잎이 가득 내려앉은 계단
어느 봄날에 벚꽃무늬 한복을 입으셨던
엄마의 고운 모습이 클로즈업 된다

동백기름 바르시고 빤빤히 빗은 머리에
옥잠화 대궁 같은 옥비녀로 쪽을 졌던 어머니
그 모습이 둘 째 이모처럼 맵시 나진 않았어도
풀꽃같이 잔잔한 향기를 지니셨던 어머니

손으로 입을 살짝 가리고 웃으시던 어머니
그 풀꽃 향기를 자식들 마음에도 심어주셨지
하늘색 갑사 저고리 하나만 갈아 입으셔도
온 동네가 환하다고 사람들은 칭찬을 했지

여름엔 잠자리 날개 같은 하얀 모시 한복에
눈같이 하얀 동정을 달아 입으시던 어머니
그 어머니가 벚꽃잎 깔린 계단 저 너머
부활의 기적처럼 풀꽃향기 환하다

코로나 가면

마스크와 안경과 모자를 쓰고
코로나 가면 속에 갇힌 얼굴들
보고 알면서도 그냥 모르는 척
지나쳐 가는 사람들이 아프다

마스크 뒤로 일그러진 시간이
바람개비처럼 외로움을 느낄 때
혼밥을 먹다 눈물로 가면이 젖고
너무 두렵고 많은 시간을 건너왔지

때가 되면 언젠가는 벗어 버리겠지
우리 모두 진짜 얼굴을 보여주며
눈에서 뚝뚝 떨어지는 눈물을
손등으로 뜨겁게 닦아 줄거야

그러면 찢어지지 않던 가면도
눈물 온도에 녹아내려 틈이 벌어지고
소리 없이 떨어지겠지
그날에는 가면 벗고 우리 햇살같이 웃자

해바라기 사랑

노랑 꽃 관을 쓰고 서 있는 그녀를 보았지
순간 내 마을을 사로잡은 건
꽃송이에 담은 천 개의 푸른 눈과 초록빛 큰손
허공에 팔을 걷다 중심을 잃고 휘청거릴 때
지혜의 그늘 같은 그 꽃밭에 들어가면
나도 벌레의 허물을 벗고 나비가 되어 날아갈까

멍든 상처로 때론 쓴 맛을 보아야 하는 생
벼랑 낭떠러지에서 물러설 곳도 없을 때
아침 해 같은 너의 얼굴을 보면 산새소리가 들렸지

아침 해처럼 반짝이는 금빛 꽃 궁전엔
고흐의 해바라기를 필사하는지 소란한 침묵이다
푸른 대궁과 잎사귀는 초록물이 줄줄 흐르고
서쪽 하늘은 온통 노랑빛깔로 발광이다

한 여름 천둥 번개 다 견디어 낸 순례자들처럼
고개 숙인 해바라기 꽃
나는 그녀와 한여름 해바라기 사랑을 하고
그 꽃 속에 총총 박힌 까만 씨앗별들 해탈이다

엄마

엄마가 돌아가실 것 같다는 기별을 받고
집으로 가면서 혼자 속엣 말로
이제 고생 그만하시고 하늘나라
아버지 곁으로 가 편히 쉬세요

그러나 눈 꼭 감고 있는 엄마를 보는 순간
엄마 딱 한 번만 눈 뜨고 나를 보세요
내 눈에 티가 들어갔을 때
혀로 핥아서 꺼내 주시면
얼마나 시원했는지 아세요

엄마 돌아가시기 전 하시던 말씀이
"천일의 기도를 하며 마음 비워 내고자 하면
더 뿌리 깊어지는 것이 번뇌"라고
"생은 찬장 속 사발에 담긴 조청처럼
한 숟갈 씩 떠먹다 보면
어느 날 텅 빈 사발만 남는 것 같이 허망하다고"

엄마 돌아가시던 날
하늘과 땅이 딱 붙어버린 듯

잠시 멈출 것 같았던 세상은
그래도 계속 돌아가고
지금도 등 돌리고 돌아보면
함박꽃처럼 웃고 서 계신 것 같은데
너무나 멀리 돌아서 왔어요
자연이 다 어머니인 것을

닢이 프르러 가시던 님이

꽃잎피면 떠오르는 그대 그리움
그리운 마음 한 잎 한 잎 피는 밤
기다리면 올까 찾아가면 있을까

동백꽃 가지 위에 산새소리도 지쳐갈 때
무지개 너머 그대 만날 수 있다면
알싸한 우리만의 얘기로 행복할텐데

보고픈 한 잎 내 가슴에 꽃으로 피고
봄바람이 가슴속을 후비듯 스쳐가네
눈감으면 별이 될까 나비가 될까

잠들지 못하는 달밤 꽃비가 내리네
꽃잎을 후후 불어내면 그대 잊혀질까
바람 한 점 일듯 닢이 프르러 가시던 님이

의료진께 감사

눈에 보이지도 않는 코로나19 바이러스
그 바이러스로 세계는 백신부족을 겪으며
하루 수 백 명씩 사선의 경계를 넘어갔지

코로나 확진에 숨고를 새도 없는 의료진
낯선 외계인처럼 방호복을 입고 뛰는 간호사
땀방울로 얼룩진 몸에 새겨진 시간의 파랑들

간호사님 부르면 언제나 빛의 속도로 달려와
심장 두근거리며 주사기바늘 끝에 서있다
그녀의 신경은 온몸이 귀다 사랑의 눈이다

완치되어 퇴원하는 이를 보면
입가에 연꽃같이 환한 미소
그 미소에 봄이 오고 감사로 화답하는 우리
그대는 나이팅게일
현신하신 약사여래불藥師如來佛!

봄이 오는 바다

제주 해녀들의 이야기가 꽃으로 핀다
물질 할 때 해녀가 지켜야 할 것은
욕심을 버리는 것이지

물 위에서나 물속에서나
물욕을 버려야 살 수 있다는 것
저 멀리서 숨비소리가 맑다

해녀들의 힘이 생기는 봄 바다
그녀들 틈에 해남들의 이국적 풍경
해남들의 푸른 등 넘어 반짝이는 은빛 햇살

물 젖은 등을 떠밀 듯 뒤에서 봄바람이 분다
사월의 봄빛 이대로가 딱 좋다고
공공 우주가 토해내는 봄 바다 숨비소리

푸른 보석

광양 매화마을에 온 가족이 봄 여행을 갔다
백매화 홍매화는 망울망울 눈 부풀릴 때
늘어진 실가지마다 꽃눈 열고
아들과 남편의 등 너머 홍매화 붉다

정자에서 바라보는 매화마을이
한 폭의 동양화 같다
반지르르 줄지어 선 장독대가 나를 부른다
매화 향기 같은 어머니가 오버랩 된다

문풍지가 정겨운 초가집 툇마루에 앉아
봄에 보약 쑥국을 먹는다
솜털을 덮어 놓은 듯 섬진강 안개 속에
한 생 푸른 보석을 따는 여인의 미소 환하다

봄에 가족 여행은 참 맛있다

간호사님께 감사

분홍빛 구름을 가져다
그녀를 태우고 흔들어 주고 싶었지
소리 없이 찾아온 코로나 바이러스
집 밖으로 나가기가 싫다. 무섭다

잠깐 마트라도 가려면
마스크를 챙겨 먼저 쓰고 나오는 세 살 박이
친구에게 전화를 하니 자가 격리 중이란다
꿈속에서 온기를 느껴야 하는 세상 같다

"세상이 왜 이래?"
죽은 테스 형까지 불러내어 물어보는 이 세상
그래도 연꽃 같은 미소로 희망을 주는 의료진들
그 의료진들이 있어 힘이 솟는다

지인인 간호사님도 코로나로 자가 격리 중이라고
열꽃같이 달아오른 목소리가 나를 아프게 한다
전복죽 한 그릇을 그녀의 현관문에 걸어놓고 왔다
푸른 방호복 속에서 땀 흘린 그녀에게 감사.

시선 너머 그리움

별의 점선이 파랗게 반짝이면
가을 밤 풀벌레 소리가 맑다
멈춘 듯 숨 쉬고 있는 달빛
그 달빛에 나뭇가지가 까마귀 손 같아서
무섭다던 아이일까

구름 사이로 달빛이 흘러내릴 때
어둠속에 늑대가 달을 사랑하듯이
조약돌은 더욱 작아지려 몸 구르는 밤
건반 두드리는 소리로 물결은 잡념을 삼킨다

시선 너머 앉아있는 그대는 누구인가
동화책에 나오는 그림 같은 강가
한 페이지를 넘기면 행복한 장면이 나올 듯
내 영혼을 쏙 빼놓은 사람

서로 다른 목소리로
서로 다른 노래로
서로 다른 생각으로 달빛에 젖는 밤
그 밤이슬 촉촉이 젖은 사랑 수척하다

네 번째 스무 살

축하를 받는 그녀가
꽃처럼 아름답다

꽃보다 예쁜 바다
울 엄마가 보석이라
다이아는 안 샀어요

엄마의 모든 날을 응원해요
세상에서 제일 아름다운 스물,
네 번째 스무 살을 축하해요

축하를 받는 그녀가
햇살처럼 곱다
아홉 섬을 품은 바다
그 바다가 금강석보다 빛나지요

한 날 꿈일까

가을 날
선택할 것이 끝도 없이 많은 세상
대본이 별로인 영화처럼
보이지 않는 가지치기를 해야 하는 시간도 있지

하루를 함께하는 사람들과의 만남은
관심과 열정의 문제일까
서로 달콤한 말을 주고받기도 하고
숲속에 이끼만큼 포근한 사람을 만나기도 하고
시간이 갈수록 설레게 하는 사람이 있지

그러나 가끔은
동토같이 차가워 숨 막히게 하는 사람도 있고
망사 천에 가려져 비친 듯
가상의 공간속에서 어지럽게 하는 사람
눈빛이 고드름처럼 느껴지는 사람도 있다

우리는 날마다 새사람이고 첫 사람인데
종합예술 같은 우리 삶은
한 날 꿈일까
나 아닌 나를 보는 가을이다

시간의 한 점

생은 인내와 기다림으로 영글어간다
강물은 하늘을 품고 사랑을 하는 가을날
하고 싶었던 말 깊숙이 접어두고
눈이 맑았던 유년의 나를 만나는
시간의 한 점
그 한 점 같은 어느 길 하나
돌아보지 않고 갈 수 있을까
나무 타는 냄새가 난다
불을 함께 보고 있으면 편지를 쓰고 싶은 가을
순간 백학 한 마리를 본 듯 했다고
섬광 같은 화살촉이 심장에 꽂혔다고
그 사람의 해석일 뿐
아플 때 눈물을 닦아주던 나의 멘토
지나온 시간만 뒤적뒤적 눈물자리 지우며
생의 한 점을 사는
나의 우주에서 지워지지 않는 사람

대나무 숲 내 친구

사과가 붉게 익는 날 내 손을 잡고 말했지
서로에게 대나무 숲이 되어주는 친구하자고

대나무 숲은 대가족이라 귀가 서럽다
반질한 대나무 동피에 어리는 그 얼굴
인연의 깊이와 길의 길이는 겪어 봐야 아는 것
실타래처럼 거스를 수도 더할 수도 없는 인연들

그 인연들이 때로는 가시 같다 해야 할까
자비롭다고 해야 할까
밤하늘 유성의 긴 꼬리가 대숲을 지난다

대숲엔 신성하기도 한 대금소리가 산다
뼈마디 속으로 눈물의 강이 흐를 때
큰 소리로 울어도 괜찮다고
제 몸에 수없이 많은 동그라미를 그려 넣은 대나무

강물의 울음소리 대숲에서 바람으로 부서지면
아다지오 칸타빌레 선율로 노래하는 대 숲
그 대나무 숲이 되어준 친구처럼
나도 대나무 숲의 푸른 이파리가 된다

아주 심기

예고 없이 한 방 크게 얻어맞은 날
견디어 내야 하는 것
어리석거나 미련한 것이 아니라
살아있다는 것은 가을하늘 같은 거니까

곶감이 말랑말랑 맛이 있는 건
겨울이 깊었다는 것
잘 참았다는 것
그 추운 겨울을 잘 견디어낸
양파나 파는 뿌리를 잘 내려 아주심기를 하면
몇 배나 달고 단단하다고 했지

내가 처음 직장에 합격해 좋아할 때
사람이 집을 나설 때는 아주심기를 해야 한다고
모든 것은 때가 있는거라고 하던 아버지 말씀이
나를 대문 밖으로 나설 수 있게 했지

지금 내 자녀에게 똑같은 얘기를 해주며
이제야 어렴풋이 아버지를 이해한다

봄·봄

벚꽃 잎이 화르르 날리는 봄날
떨어진 꽃잎을 쓸어 내면서
그의 이름도 쓸어버리려 했지

마음이 꽃잎처럼 봄바람에 흔들리는 것은
봄바람처럼 스며든 그의 전화 한 통
내일 그를 만나러
벚꽃나무 아래로 갈까, 말까

그를 만나고 오면 꽃잎보다 더
허공으로 뜰 것만 같았지
그래도 잔잔한 꽃무늬 원피스를 입고 갈까

그 순간 내 마음을 읽은 듯
하얀색 슈즈를 내미는 그이의 환한 미소
당신의 사랑 앞에 다시 선 구두 굽 사이로
나를 들어 올리는 눈부신 봄·봄

유월의 숨결

꽃과 나무들마저 고개 숙인 유월
영혼은 돌탑 너머 하늘로 솟는다
은하수 일렁이는 밤 별들의 한 끝은 펜촉이 되어
천년의 역사를 혈서로 써내려간다

그 펜 끝처럼 날카로운 상처들 아물지 못해
상처에서 흘러내린 핏물은 은하가 되고
하늘은 그 날의 아우성치던 함성을 기억한다
안식의 밤 대신 빗소리만 땅을 흔들 뿐이었지

그 땅 검은 돌탑 아래 영웅들의 눈동자
커다란 눈동자 속으로 흐르는 유월의 풍경들
풍경 속으로 구름마저 스며들고
바람결에 겹쳐오는 백의에 발자국 소리

어디선가 흰 꽃잎 하나 날아와
돌탑위에 앉아 쓰린 상처를 덮어주고 있다
순간 내 심장 속으로 번져오는 숨결하나
산하를 갈랐을 서슬 푸른 눈빛들

양손에 태극기 들고 휘둘렀을 태양 같은 기상
조국의 땅을 지켜내신 숭고한 희생
높은 태양처럼 이 땅에 영원한 빛이시라
우리는 평화의 종소리로 영원히 기립니다

강원도 숲이 그린 사랑

산이 높고 울창한 숲은 만물의 온도를 조절하고
우주의 창을 열 듯 경계를 지운 동해바다
그 바다같이 마음 넓은 사람들이 어울려 사는 땅

설악산과 대관령, 맑은 공기 부드러운 흙
바람도 파랗게 생각에 잠긴 평화로운 곳
제일 먼저 해가 뜨는 정동진 생명 창조의 땅

강원특별자치도로 선정된 희망의 전주곡 울리고
문화와 예술과 예인들이 활력 넘치는 강릉
천년고찰 낙산사 월정사 수타사의 북소리가
세상에 어둠을 밝히며 올바른 역사를 이어가는 곳

지구를 지키는 전사처럼 7할이 산인 강원도
스키장, 레포츠, 레고렌드, 호수가 푸른 춘천
감각의 촉을 올려 감성을 어루만지는 감성도시
미래의 꿈을 꾸는 당신은 강원도를 보러 오세요

에필로그

詩의 처음자리

| Epilogue |

詩의 처음자리

현종길(시인)

 의식하는 모든 것은 존재와의 관계성에 의존할 것일 텐데 나는 사물에 관한 일반적인 생각을 들먹일 때마다 당황할 때도 있었다.
 한동안 현상에 빠져 쏘다니다가 수풀에서 소소한 질서를 발견하곤 허리를 굽히고 처음자리로 돌아갔다. 내가 쓰는 문장들이 어느 지점쯤 누군가에게 당도하면 후에 반짝일지 모른다고 아직도 막연히 꿈을 꾸고 있다.
 그 처음자리 영원히 내 자리는 아닐까?
 고개들어 물음표를 던지며 계간지 『문학 秀』에 발표했던 시 월평 받은 것 몇 작품을 이곳에 올린다.

※ 『문학 秀』에 발표했던 나의 시를 엄창섭 교수님의 월평 중에서 가려쓰다.

 현종길 시인은 다소 활유법을 활용한 긴 산문시 양식의 "내 그림자를 빛던 태양은 등을 보인다/ 하얀 백사장에 느릿느릿 피고 진 발자국들의/ 붉은 노을 빛 일몰에 보석함 같은 태안 바다" 「인피니트 스튜디오」에서도 그렇지만, "태극기 움켜쥐고 달렸던 한 생애/ 노래비에 한 끝을 지그시 누르면/ 당신은 오늘도 우리의 영혼속에 살아나/ 애국의 뿌리를 뻗어가는 영원한 빛이시라"

「안사람 의병 노래비」를 통해 새삼 확증되듯 그 자신이 "붓과 총을 든 최초의 의병장 윤희순 노래비 앞에 앉아서 민족의 혼 일깨울 서슬푸른 만세소리 가름하며 때로는 선문 선답하는 시적 작위를 적용한 재치야말로 영혼의 틈새에서 묻어나는 가슴 찡한 삶의 그늘 즉 삶을 반추하는 가운데 시적 형상화의 사고 가능성이다.

감수성이 응축되어 빛나는 시집 『카르페 디엠』을 출간한 현종길 시인은 타자에 대한 분별력을 헤아릴 줄 아는 따뜻한 감성의 소유자다.

그 자신을 채석강에서 보면 감성적 소인임을 자처하고, 주어진 시대적 소임에 순응하며 "대한민국 명승 제13호"인 부안 채석강을 지상에 갈 앉은 단음조로 "그 역암과 사암위에 주름진 얼굴들/ 꾹 누르면 거문고 소리가 날 것 같은 「채석강」을 읊어낸 뒤 "한 폭의 동양화 같다"/ 반지르르 줄 지어선 장독대가 나를 부른다/ 매화향기 같은 어머니가 오버랩 된다."

「푸른 보석」은 푸른생명의 언어로 깊은 영혼의 상처를 치유하는 모성의 존재감은 아침에 생명 경외심의 끈질긴 역린이다.

현종길 시인의 시적 중량감에 관해 인상 비평적으로나마 "뱃속에서 커릉커릉 아우성을 치는 개소리가 났지/ 강다리를 건너다 아래로 툭 떨어지고 싶었지. 정규직 얼어버린 천왕성의 종소리"「알바생」의 상징성에서 생생한 일탈의 시 정신을 축으로 예술적인 질감과 터치의 대비는 짐짓 이채롭다.

　현종길 시인의 철저한 일관성에 의한 시작 활동은 동시대의 그 어느 문인에 견주어 보다 감사한 관심사다. 모처럼 "발톱 붉어지도록 달려온 시간들/ 홀로 리허설을 하는 듯 뼛속까지 젖어드는 바다/ 마지막 문을 열면 한 줄기 빛이보일까"「화진포」라는 막연한 기대감에서도 희망의 끈을 놓지 아니하고 이미 죽어간 이들이 갈망했던 미래의 시간인 오늘을 살아가며 눈 부신 꿈과 이상의 재현을 위해 "눈을 감고 달려 온" 그 진정한 삶의 도전을 진리의 자유가 시대적 소임임을 자인한 지속적인 삶의 여적은 못내 유의미 하다.

　"까만 드레스의 그녀는/ 하얀 건반을 쓸어 주었다/ 흰 뼈와 검은 뼈가 울리기 시작했다./ 누르고 더듬는 음표뒤에 숨어있던/ 그녀의 지나온 날이 신음처럼 울림으로 살아났다."「피아노 콘서트」야 말로 진실로 따뜻한 정신기후의 조성에 몰려 있고 화자 자신의 시 보기의 행위는 응당 "인간은 네모나게 태어나서 둥글게 죽는다"는 존재인 까닭에 타인에 대한 배려와 분별력이 비로서 애증과 불화를 몰아내어 영혼의 상처도 따뜻한 위안으로 전위시키는 사랑의 임자임을 놀랍게도 입증시켜주는 현재성이다.

　　나의 詩는 나의 소울메이트.
소포클래스가 "그대가 헛되이 보낸 오늘은 앞서 간 그들이 그토록 살고싶어 소망하던 내일이다" 시 정신의 붓끝 날刀을 푸르게 갈고 닦아 영혼의 닻을 움켜잡아 깨어있는 의식으로 더욱 정진하여 오늘의 삶을 아름다움으로 채울 수 있는 시를 독자들에게 선물했으면 하는 마음입니다.

감사합니다.

현종길 시집

인피니트 스튜디오

발행 2024년 10월 20일
지은이 현종길
인쇄 도서출판 태원
  강원특별자치도 춘천시 서부대성로 110-2
전화 (033)255-0277
E-mail tw0277@hanmail.net

ISBN 979-11-6349-130-9 03810
ⓒ현종길, 2024, korea

정가 13,000원

이 책은 저작권법에 따라 보호받는 저작물이므로
무단 전재와 무단복제를 금합니다.

※ 본 시집은 한국예술인복지재단 「예술활동 준비금」을
   지원받아 출판한 책입니다.